KB053050

토익급상승 Part 7 비법노트

게임토익 최진혁
- 現 영단기어학원 강남캠퍼스 게임토익 강사
- 現 파랑호랑이 영어교육업체 대표
- 前 테스트와이즈 시사종로학원 토익대표강사
- 前 시사영어학원 일산 토익대표강사
- 前 한성대학교 동국대학교 토익강의

출간도서
- 게임토익 (반석출판사)
- 최신 토익 급상승 ❶ Part 5&6 10회분
  [실전문제집 + 해설집] (반석출판사)
- 토익교재 및 번역서 집필다수

토익 급상승
파트 7 비법노트

저 자 최진혁
발행인 고본화
발 행 반석출판사
2019년 7월 20일 초판 1쇄 인쇄
2019년 7월 25일 초판 1쇄 발행
반석출판사 | www.bansok.co.kr
이메일 | bansok@bansok.co.kr
블로그 | blog.naver.com/bansokbooks

07547 서울시 강서구 양천로 583, B동 1007호
(서울시 강서구 염창동 240-21번지 우림블루나인 비즈니스센터 B동 1007호)
대표전화 02) 2093-3399 **팩 스** 02) 2093-3393
출 판 부 02) 2093-3395 **영업부** 02) 2093-3396
등록번호 제315-2008-000033호

ISBN 978-89-7172-898-7 (13740)

토익급상승 Part 7 비법노트

반석출판사
Bansok

머리말

신토익이 진행된 지 몇 년의 시간이 흐르고 대부분 각 파트별 전략은 완성된 듯 보입니다. 하지만 현장에서 강의를 하다 보면 기초 수험생들의 경우 파트 7은 난공불락으로 여기는 경우가 많더군요. 싱글 지문과 더블 지문만 존재하던 구 토익과는 달리, 트리플 지문과 신유형 문제들이 수록되면서 더욱 시간은 촉박해지고 해석해야 할 지문은 길어졌죠. 대규모 강의를 진행하다 보면 학생들의 약점을 정확하게 판단하지 못하는 경우가 많습니다. 그래서 준비한 교재가 반석출판사와 함께 만든 『토익 급상승 파트 7 비법노트』 입니다.

학생들이 파트 7을 풀 때의 문제점들은 크게 3가지로 나눌 수 있습니다. 첫째, 파트 7의 문제 유형별 분석이 되지 않아서 해석만 강조하는 경우입니다. 본 교재에서는 지문별 특징뿐 아니라 문제 유형별 특징도 함께 담아내어 기초 분들도 어휘 학습만 되어있다면 쉽게 따라올 수 있도록 만들었습니다. 둘째, 시간 분배를 하지 못하여 완주를 하지 못하는 경우입니다. 이는 가장 많이 접하는 문제점이었습니다. 본 교재로 학습한 이후 해당 출판사의 실전 문제집을 풀면서 스스로 시간 분배 컨트롤을 할 수 있도록 자연스레 유도할 예정입니다. 셋째, 연계 지문을 풀지 못하여 파트 7이 항상 미완성이 되는 경우입니다. 연계 지문이란 더블 지문과 트리플 지문을 말하는 것으로 해석력뿐 아니라 정확한 전략이 필요합니다. 의외로 매우 간단하답니다. 이 교재를 통하여 학습하다 보면 의외로 가장 쉽게 풀리는 것이 연계 지문일 것입니다.

종로시사어학원(테스트와이즈)과 강남 영단기어학원에서 강의를 한 지도 10년 가까이 되었습니다. 개별적인 프로젝트와 함께 교재 작업을 하는 데 있어서 반석출판사가 큰 힘이 되었습니다. 그동안 제가 수업에서 얻은 전략과 팁들을 반석출판사와 함께 정성스레 작업했습니다. 파트 7 없이는 절대 RC 고득점은 불가능하다는 것을 기억하시고, 본 교재와 함께 토익 기초를 탈출하시기를 진심으로 응원하겠습니다.

저자 최진혁

목차

이 책은 토익 고득점을 위해 반드시 공략해야 하는 관문인 파트 7을 문제 유형에 따라 구분하였다. 문제 유형에 따른 각 문제별 풀이전략을 설명하고, 실전문제와 유사한 예문풀이를 통해 실전 Test에 대비하는 능력을 기를 수 있게 구성되어있다.

1. 파트 7을 문제 유형별로 분석하여 기초 수험생들도 쉽게 공략 가능하도록 설명

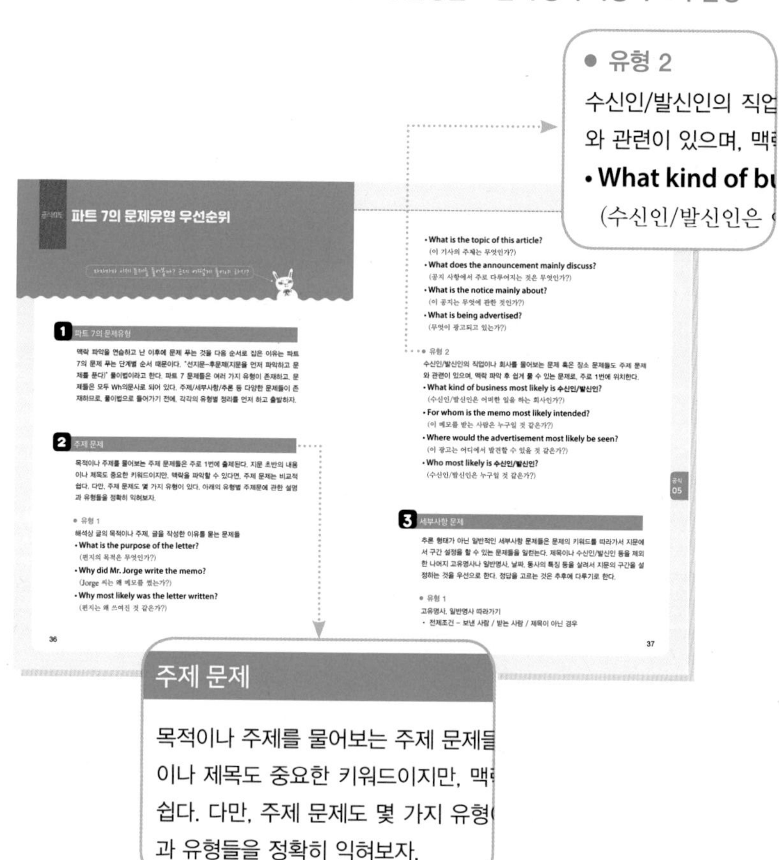
공식05 파트 7의 문제유형 우선순위

1 파트 7의 문제유형

맥락 파악을 연습하고 난 이후에 문제 푸는 것을 다음 순서로 잡은 이유는 파트 7의 문제 푸는 단계별 순서 때문이다. "선지문–후문제(지문을 먼저 파악하고 문제를 푼다)" 풀이법이라고 한다. 파트 7 문제들은 여러 가지 유형이 존재하고, 문제들은 모두 Wh의문사로 되어 있다. 주제/세부사항/추론 등 다양한 문제들이 존재하므로, 풀이법으로 들어가기 전에, 각각의 유형별 정리를 먼저 하고 출발하자.

2 주제 문제

목적이나 주제를 물어보는 주제 문제들은 주로 1번에 출제된다. 지문 초반의 내용이나 제목도 중요한 키워드이지만, 맥락을 파악할 수 있다면, 주제 문제는 비교적 쉽다. 다만, 주제 문제도 몇 가지 유형이 있다. 아래의 유형별 주제문에 관한 설명과 유형들을 정확히 익혀보자.

● 유형 1

해석상 글의 목적이나 주제, 글을 작성한 이유를 묻는 문제들

- **What is the purpose of the letter?**
  (편지의 목적은 무엇인가?)
- **Why did Mr. Jorge write the memo?**
  (Jorge 씨는 왜 메모를 썼는가?)
- **Why most likely was the letter written?**
  (편지는 왜 쓰여진 것 같은가?)

36

- **What is the topic of this article?**
  (이 기사의 주제는 무엇인가?)
- **What does the announcement mainly discuss?**
  (공지 사항에서 주로 다루어지는 것은 무엇인가?)
- **What is the notice mainly about?**
  (이 공지는 무엇에 관한 것인가?)
- **What is being advertised?**
  (무엇이 광고되고 있는가?)

● 유형 2

수신인/발신인의 직업이나 회사를 물어보는 문제 혹은 장소 문제들도 주제 문제와 관련이 있으며, 맥락 파악 후 쉽게 풀 수 있는 문제로, 주로 1번에 위치한다.

- **What kind of business most likely is 수신인/발신인?**
  (수신인/발신인은 어떠한 일을 하는 회사인가?)
- **For whom is the memo most likely intended?**
  (이 메모를 받는 사람은 누구일 것 같은가?)
- **Where would the advertisement most likely be seen?**
  (이 광고는 어디에서 발견할 수 있을 것 같은가?)
- **Who most likely is 수신인/발신인?**
  (수신인/발신인은 누구일 것 같은가?)

3 세부사항 문제

추론 형태가 아닌 일반적인 세부사항 문제들은 문제의 키워드를 따라가서 지문에서 구간 설정을 할 수 있는 문제들을 일컫는다. 제목이나 수신인/발신인 등을 제외한 나머지 고유명사나 일반명사, 날짜, 동사의 특징 등을 살려서 지문의 구간을 설정하는 것을 우선으로 한다. 정답을 고르는 것은 추후에 다루기로 한다.

● 유형 1

고유명사, 일반명사 따라가기

- 전제조건 – 보낸 사람 / 받는 사람 / 제목이 아닌 경우

37

2. 문제를 더 효과적으로 풀 수 있는 유형별 Tip과 Point 소개

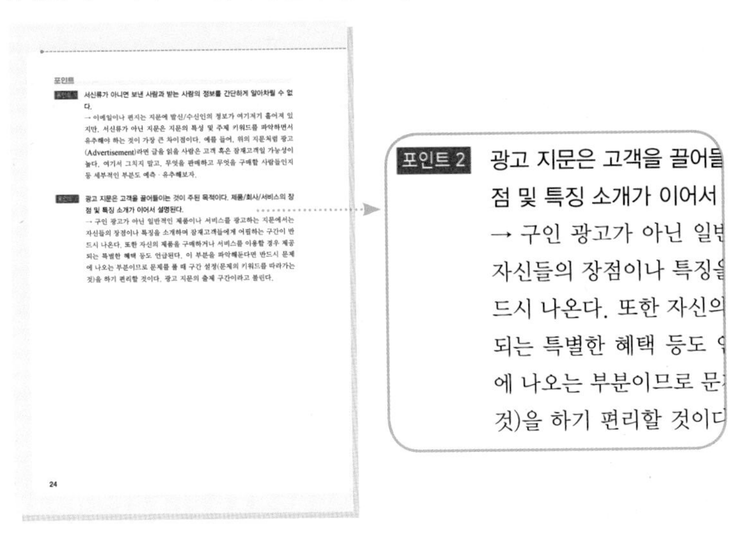

포인트

포인트 1 서신류가 아니면 보낸 사람과 받는 사람의 정보를 간단하게 알아차릴 수 없다.
→ 이메일이나 편지는 지문에 발신/수신인의 정보가 여기저기 흩어져 있지만, 서신류가 아닌 지문은 지문의 특성 및 주제 키워드를 파악하면서 유추해야 하는 것이 가장 큰 차이점이다. 예를 들어, 위의 지문처럼 광고(Advertisement)라면 글을 읽을 사람은 고객 혹은 잠재고객일 가능성이 높다. 여기서 그치지 말고, 무엇을 판매하고 무엇을 구매할 사람들인지 등 세부적인 부분도 예측 · 유추해보자.

포인트 2 광고 지문은 고객을 끌어들이는 것이 주된 목적이다. 제품/회사/서비스의 장점 및 특징 소개가 이어서 설명된다.
→ 구인 광고가 아닌 일반적인 제품이나 서비스를 광고하는 지문에서는 자신들의 장점이나 특징을 소개하며 잠재고객들에게 어필하는 구간이 반드시 나온다. 또한 자신의 제품을 구매하거나 서비스를 이용할 경우 제공되는 특별한 혜택 등도 언급된다. 이 부분을 파악해둔다면 반드시 문제에 나오는 부분이므로 문제를 풀 때 구간 설정(문제의 키워드를 따라가는 것)을 하기 편리할 것이다. 광고 지문의 출제 구간이라고 불린다.

24

3. 해당 유형을 완전 정복할 수 있도록 다양한 예시 문제와 해설 제공

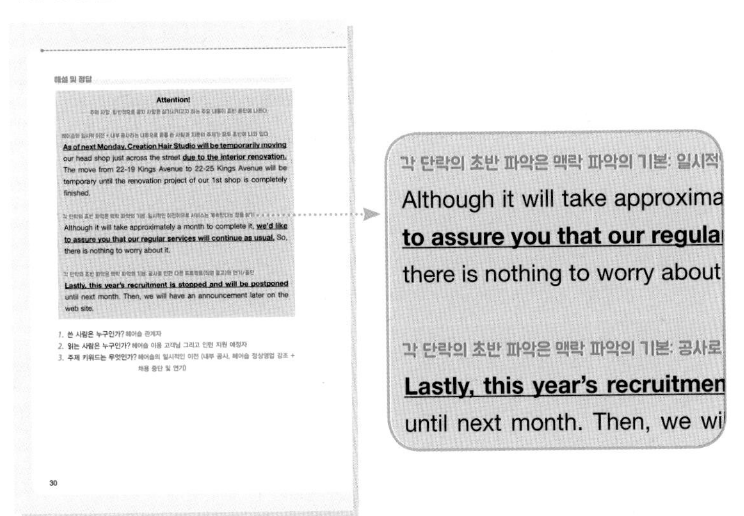

해설 및 정답

Attention!

As of next Monday, Creation Hair Studio will be temporarily moving our head shop just across the street **due to the interior renovation.** The move from 22-19 Kings Avenue to 22-25 Kings Avenue will be temporary until the renovation project of our 1st shop is completely finished.

Although it will take approximately a month to complete it, **we'd like to assure you that our regular services will continue as usual.** So, there is nothing to worry about it.

Lastly, this year's recruitment is stopped and will be postponed until next month. Then, we will have an announcement later on the web site.

1. 쓴 사람은 누구인가? 헤어숍 관계자
2. 읽는 사람은 누구인가? 헤어숍 이용 고객님 그리고 인턴 지원 예정자
3. 주제 키워드는 무엇인가? 헤어숍의 일시적인 이전 (내부 공사, 헤어숍 정상영업 강조 + 채용 중단 및 연기)

30

공식01

파트 7에는 '시간 분배' 전략이 우선이다

해석 잘~하면 뭐하니? 완주도 못하는걸!!

1 파트 7 싱글 지문 25분 + 파트 7 더블/트리플 지문 25분 = Total 50분

RC 파트는 짜인 시간대로 흘러가는 LC 파트와 달리 각자 시간을 분배하는 전략이 필요하다. 특히 176번부터 이어지는 파트 7의 더블 지문과 트리플 지문에서 완주하지 못할 경우 기초 수험생들의 점수는 300점도 넘기지 못하는 현상이 발생할 수 있다. 따라서 싱글과 연계 지문으로 나누어서 각각의 파트를 25분에 완주할 수 있는 전략과 실전 모의고사 풀이를 병행하는 것이 무엇보다 중요하다.

● 파트 7 싱글 지문 구성

파트 7 싱글 지문은 총 10개 지문, 29문제로 구성되어 있다. 일반적으로 147-160번은 비교적 짧은 다양한 6개의 지문으로 구성되고 파트 7 신유형 지문으로 2문제짜리 짧은 채팅/메시지 체인 지문이 포함되어 있다. 161-175번은 이메일, 레터와 기사 그리고 채팅/메시지 체인 등을 포함하는 비교적 긴 지문으로 4개가 이어진다. 여기에는 주로 하나의 지문이 4개의 문제로 구성되고 '문장 넣기' 등 신유형 문제들이 포함되어 있다.

● 파트7 더블/트리플 지문 구성

더블 지문은 2개의 지문을 연계하여 푸는 문제로 176-185번 총 10문제, 트리플 지문은 3개의 지문을 연계하여 푸는 문제로 186-200번 총 15문제가 출제된다. 기초 수험생들이 가장 어렵게 여기는 파트이므로 전략적인 접근이 매우 중요하다. 특히 연계 지문이라고 하여 무조건 2, 3개의 지문들을 연계하여 푸는 문제들만 있는 것은 아니다. 풀 수 있는 문제들과 그렇지 않은 고난도의 문제들을 구별하여 시간 내로 완주하는 것을 첫 목표로 설정하자.

2 파트 7 싱글 지문의 전략적 접근

● 147-160번 쉬운 문제들 먼저

147-160번은 대부분 2문제로 구성된 웹사이트, 송장, 설문지, 짧은 이메일 등 비교적 쉬운 지문들이다. 2문제짜리 채팅창 지문을 제외하면, 문제들 역시 신유형 문제들(의도 추론, 문장 넣기 등)이나 전체 추론 문제보다는 주제, 목적이나 세부사항을 따라가는 간단한 문제들이 주를 이룬다. 10지문/29문제 중 6지문/14~15문제를 차지하며 기초 수험생들이 총 정답의 개수를 늘릴 수 있는 구간이다.

● 161-175번 긴 지문들

161번부터는 지문의 길이도 길뿐더러, 신유형 문제 및 추론 형태의 문제들이 다수 포함되어 있다. 특히 기초 수험생들은 완주가 더 중요한 목표이므로, 실전 문제로 모의고사 연습을 할 경우 이러한 긴 지문들에서 전체 추론 문제들을 제외하고 나머지 문제들을 시간 내로 푸는 연습을 하자.

예1 기사 지문

What is suggested about the article?

(이 기사에 대하여 추론할 수 있는 것은 무엇인가?)

→ Article(기사) 지문 전체를 보고 추론/암시하는 문제로, 맥락을 파악하고 나머지 문제들을 모두 푼 다음에 풀 수 있는 유형이다.

예2 제목이 Innovation Plan인 안내 지문, 글 쓴 사람이 Mr. Kim

What is indicated about the Innovation plan?

(Innovation plan에 대하여 나타내고 있는 것은 무엇인가?)

→ 제목에 대하여 나타내고 있는 것을 물어보는 전체 추론형 문제이다. 즉 지문 전체의 내용 중 맞는 보기를 고르는 문제로, 마지막에 풀어야 하는 고난도 문제 중 하나이다.

What is stated about Mr. Kim?

(김 씨에 대하여 나타내고 있는 것은 무엇인가?)

→ 글쓴이 혹은 받는 사람에 대하여 지문에서 말하고 있는 것이 무엇인지를 묻는 포괄적인 전체 추론 문제이다. 이러한 문제들은 지문의 마지막에 풀거나 혹은 스킵(기초 수험생들의 경우)도 염두에 두어야 한다. 특히 긴 지문에 걸린 문제라면 푸는 데 시간도 오래 걸리는 고난도 문제이다.

3 파트 7 더블 지문의 전략적 접근

● 더블 지문의 전략

더블 지문은 2개의 지문을 연계하여 푸는 파트 7 지문으로 5문제씩 총 10문제(176-185번)가 출제된다. 무조건 5분 안에 풀어야 하는 것이 원칙이므로, 5문제 모두 풀 수 없는 경우를 대비하여 내가 풀 수 있는 문제를 3문제 먼저 골라내서 푸는 것이 파트 7 완주에 필수적이다. 기초 수험생들의 경우 풀 수 있는 문제를 최대한 골라서 연계 지문을 완주하면 RC 점수에서 개인 최고기록을 갈아치울 수 있다.

● 풀 수 있는 문제

1번: 더블 지문의 1번은 A지문의 주제를 묻거나, A지문만 보고 푸는 단독형 문제이다.

예 A지문이 이메일인 경우

What is the purpose of the first e-mail?

(첫 번째 이메일의 목적은 무엇인가?)

2~5번 중 택2:

• 단어 문제 - 따옴표로 표현하는 유의어 고르기 문제는 지문을 따라가서 문맥을 보고 따옴표 안의 단어와 유사한 답을 보기에서 고르는 문제이다.

예 유의어 고르기 문제는 지문과 위치를 특정한다.

In the second letter, the word "meet" in paragraph 1, line 4, is closest in meaning to?

(두 번째 편지에서, 첫 문단 4번째 줄에 있는 단어 "meet"과 의미가 가장 유사한 것은 무엇인가?)

• 세부사항 문제 - 문제 중에 전체 추론이나 most likely가 없는 문제로, 지문을 따라가서 푸는 세부사항 문제들이다. 이렇게 단순히 세부사항을 따라가는 문제들은 먼저 풀어야 하는 문제들로 분류한다.

예1 김 씨가 A 혹은 B지문의 글을 쓴 사람인 경우. 그 해당 지문을 따라가서 푸는 문제

What is Mr. Kim asked to do?

(김 씨는 무엇을 하도록 요구받고 있는가?)

예2 문제에 지문을 특정하는 경우

According to the second memo, what is the most important factor in their job openings?

(두 번째 메모에 따르면, 직원 공고에서 가장 중요한 요소는 무엇인가?)

4 파트 7 트리플 지문의 전략적 접근

● 트리플 지문의 전략

트리플 지문은 3개의 지문을 연계하여 푸는 파트 7 지문으로 5문제씩 총 15문제(186-200번)가 출제된다. 무조건 하나당 5분 안에 풀어야 하는 것이 원칙이므로, 5문제 모두 풀 수 없는 경우를 대비하는 것이 무엇보다 중요한 파트이다. 특히 더블 지문보다 풀 수 있는 문제가 더 제한적이므로, 모든 문제를 건드리지 않고 내가 풀 수 있는 문제를 3문제 먼저 골라내서 푸는 것이 파트 7 완주에 필수적이다.

● 풀 수 있는 문제

1번: 트리플 지문의 1번은 A지문의 주제이거나, A지문만 보고 푸는 단독형 초반 추론 문제이다. 특히 주제보다는 A지문을 보고 푸는 추론 문제가 대부분이다. 다른 추론 문제에 비해 비교적 쉬운 형태로, A지문의 초반 문단에서 추론할 수 있다.

예 A지문의 광고 제목이 Pernardo Hotel인 경우

What is indicated about Pernardo Hotel?

(Pernardo Hotel에 관하여 언급된 것은 무엇인가?)

2~5번 중 택2:

• 단어 문제 - 따옴표로 표현하는 유의어 고르기 문제는 보기만 보고 대조하는 것이 아니라, 지문을 따라가서 문맥을 보고 따옴표 안의 단어와 유사한 답을 보기에서 고르는 문제이다.

예 유의어 고르기 문제는 지문과 위치를 특정한다.

According to the web-page, the word "prospective" in paragraph 2, line 3, is closest in meaning to?

(웹페이지에 따르면, 두 번째 문단 3번째 줄에 있는 단어 "prospective"와 의미가 가장 유사한 것은 무엇인가?)

• 세부사항 문제 – 문제 중에서 전체 추론이나 most likely가 없는 문제로, 지문을 따라가서 푸는 세부사항 문제들이다. 하지만 아쉽게도 트리플 지문에서는 B 혹은 C지문의 주제 문제를 제외하고는 기본적인 세부사항 문제들이 거의 없는 편이다.

예 B 혹은 C지문에 편지가 있는 경우

What is the purpose of the second letter?

(두 번째 편지의 목적은 무엇인가?)

• 도표 양식 문제 – 더블/트리플 지문의 문제에 most likely가 있다면, 일반적으로 2~3개의 지문을 연계하여 추론하는 문제이다. 트리플 지문에서는 전체 추론 문제와 함께 어려운 문제에 속하지만, 양식이나 도표가 있다면 해결할 수 있는 비교적 쉬운 문제로 분류한다. 자세한 전략은 뒤에서 다루기로 하고, 이러한 문제들은 해당 지문을 제외한 나머지 지문에서 답의 단서를 찾는 문제라는 것과 전략을 알아두면 쉽게 접근할 수 있다는 것만 알아두도록 하자.

예 A지문에 다음과 같은 도표(양식)가 있는 경우

Item	Price
Basic package	$50
Premium package	$75
Platinum package	$85
V.I.P. package	$100

What kind of package is David most likely going to buy?

(David는 어떤 종류의 패키지를 구매하고 싶어 하는가?)

(A) Basic package
(B) Premium package
(C) Platinum package
(D) V.I.P. package

공식
01

공식02

파트 7에는 맥락 파악이 우선이다 (서신류 편)

1 서신류의 맥락 파악 전략

파트 7은 이메일, 편지, 메모와 같은 서신류와 그 외 웹페이지나 공고문, 안내문, 채팅/메시지 등 비서신류 그리고 기사 등 다양한 지문이 혼합되어 출제된다. 공식 2에서는 싱글 지문에서의 기초적인 전략과 풀이법에 대한 첫걸음으로 이메일과 편지 메모 등 서신류에서의 맥락 파악을 연습해보자.

● 맥락 파악이란?

파트 7에서는 모든 지문에서 주제 문제 유무에 관계없이 우선적으로 맥락을 파악해야 한다. 맥락 파악이란 말하는 사람 혹은 읽는 사람이 누구인지를 알아내고 글을 쓴 목적이나 주제를 파악하는 것을 의미한다. 문제를 풀기 전에 다음과 같은 사항들을 모든 지문에서 찾아낸 후에 문제풀이를 시작하는 것을 연습해보자.

> 파트 7 모든 지문에서
> · 글을 쓴 사람? 소속 회사와 하는 일 찾아보기
> · 글을 읽는 사람? 소속 회사와 하는 일 찾아보기
> · 주제 키워드? 제목과 말하고자 하는 목적

다만, 주제는 짧은 지문일 경우 서론과 결론을 읽고 주제 키워드 찾기를 하고, 긴 지문일 경우 초반 문단 + 각 단락의 초반을 읽으면서 찾는 것을 기본으로 한다.

2 맥락 파악 예시

● 서신류(이메일, 편지, 메모)에서의 맥락 파악

문제를 풀기 전에 맥락 파악과 글 쓴 사람, 읽는(을) 사람, 주제 키워드 찾기 연습

이메일(E-mail)

From: Donald Perry<customerdept@autoenglish.co.kr>
To: Jihee<jheee@naver.com>

Hi. I'm writing to you to give detailed information about your recent registration. Unfortunately, the weekend free-talking class you signed up has been canceled due to insufficient enrollment.

However, don't be disappointed. If you want to switch your class instead of refund, we will pay for you to take another class at no cost. Lastly, for your compensation, please e-mail me your contact information. And then, we will offer you a free text book regarding your class.

Please accept my apology for your recent inconvenience and we expect to serve you again.

Sincerely.

맥락 파악

1. 쓴 사람은 누구인가?
2. 읽는 사람은 누구인가?
3. 주제 키워드는 무엇인가?

공식 02

포인트

포인트 1 서신류(편지, 이메일, 메모)는 보낸 사람과 받는 사람의 정보로 글쓴이와 읽는 사람을 예측할 수 있다.

→ 이메일은 이메일주소와 계정, 편지는 맨 위와 아래의 주소 정보나 레터헤드를 통해 쓴 사람과 읽는 사람의 정보를 알아낼 수 있다. 다만, 세부적인 정보는 역시 지문을 읽으면서 찾아낼 수 있다.

포인트 2 주제 키워드는 첫 문단의 내용뿐 아니라, 각 단락의 초반의 키워드를 모두 알아내야 말하는 목적을 정확히 파악 가능하다.

→ 주제는 첫 문단의 내용이 80퍼센트를 차지하지만, 파트 7 싱글 지문의 주제 문제는 생각보다 난이도가 높은 문제들이 많다. 따라서 각 단락의 초반 내용을 키워드화하여, 제목 및 첫 문단의 내용을 합쳐 세부적인 맥락을 파악하는 것이 포인트이다.

해석

보내는 사람: 도널드 페리〈customerdept@autoenglish.co.kr〉
받는 사람: 지희〈jheee@naver.com〉

안녕하세요. 다름이 아니오라 최근 등록에 관련하여 세부적으로 말씀드릴 것이 있어서 글을 드립니다. 안타깝게도, 귀하께서 등록하셨던 주말 프리토킹 회화 클래스가 수강생 부족으로 인하여 폐강되었음을 알려드립니다.

그러나 너무 실망하지 마세요. 혹시 환불 대신 반을 변경하고 싶으시다면, 다른 클래스로 변경하시는 것을 추가 요금 없이 도와드리겠습니다. 마지막으로 작은 보상을 드리고 싶은데, 이메일로 고객님의 연락처를 주시면, 수업에 관한 교재를 무료로 한 권 보내드리겠습니다.

최근 발생한 불편함에 대하여 사과를 드립니다. 그리고 앞으로도 계속 귀하를 모실 수 있기를 바랍니다.

감사합니다.

해설 및 정답

From: Donald Perry<customerdept@autoenglish.co.kr> 보낸 사람 이메일 주소에 고객관리부서 그리고 이메일계정이 영어학원을 암시

To: Jihee<jheee@naver.com> 받는 사람에서 고객님(영어학원 수강생) 유추 가능

Hi. I'm writing to you to give detailed information about your recent
말하고자 하는 바를 말할 때 쓰는 주어구간

registration. **Unfortunately**, the weekend free-talking class you signed
부정적인 말을 하고자 할 때 쓰는 부사

up has been canceled due to due to insufficient enrollment.
즉, 초반 문단 주제는 수강신청에 관한 정보 중 폐강(취소)되었다는 내용

2번째 문단 포함 각 단락의 초반을 읽으면 주제 맥락 파악을 더 상세하게 할 수 있다.

However, don't be disappointed. If you want to switch your class
반전을 말할 때 쓰는 접속부사

instead of refund, we will pay for you to take another class at no cost. Lastly, for your compensation, please e-mail me your contact information. And then, we will offer you a free text book regarding your class.

2번째 문단은 보상에 관한 정보를 제공하고 있다.

사과로 마무리하는 마지막 문단 내용

Please accept my apology for your recent inconvenience and we expect to serve you again.

1. 쓴 사람은 누구인가? (영어학원) 고객관리부
2. 읽는 사람은 누구인가? (영어학원) 수강생 or 고객
3. 주제 키워드는 무엇인가? 폐강에 관한 정보 공지(1문단) + 보상에 관한 공지(2문단) + 사과(3문단)

편지(Letter)

Human Dental Clinic

889 VC street. Stone B.D 1004
www.hdc.com

June 23
Kim Jin Kyung
455 Sam-Sung Road
Surim APT 201-507

Dear Jin Kyung,

I'm writing to remind you that your routine check is approaching. We have many appointments available during this week. Please call me as soon as possible to make an appointment.

We look forward to seeing you once again.

Sincerely,

Human Dental Clinic

맥락 파악

1. 쓴 사람은 누구인가?
2. 읽는 사람은 누구인가?
3. 주제 키워드는 무엇인가?

해석

Human 치과의원

889 VC street. Stone B.D 1004
www.hdc.com

6월 23일
김진경
삼성길 455
수림아파트 201동 507호

진경 님께,

다름이 아니오라, 정기검진이 다가오고 있기에 말씀드리고자 글을 드립니다. 저희가 이번 주에 많은 예약이 가능하므로, 가능한 한 빨리 전화 주셔서 예약을 잡아주시기 바랍니다.

곧 다시 뵐 수 있기를 바라며.

감사합니다.

Human 치과의원

해설 및 정답

Human Dental Clinic 치과의원이라는 것을 알 수 있다.
레터헤드는 보낸 사람의 소속사를 의미한다.

889 VC street. Stone B.D 1004
www.hdc.com

June 23
Kim Jin Kyung
455 Sam-Sung Road
Surim APT 201-507

Dear Jin Kyung,

편지를 쓰는 이유 I'm writng to. 글을 쓴 목적(정기검진 일정)을 말한다.
I'm writing to remind you that your routine check is approaching. We have many appointments available during this week. **Please call me as soon as possible to make an appointment.**
병원에 관련된 서신류의 목적/주제는 거의 예약 일정을 잡는 것에 있다.

We look forward to seeing you **once again**.
기존 고객이라는 것을 알 수 있다.

Sincerely,

Human Dental Clinic

1. 쓴 사람은 누구인가? 치과의원
2. 읽는 사람은 누구인가? 치과 기존 고객(환자)
3. 주제 키워드는 무엇인가? 치과 정기검진 예약 요구

공식03

파트 7에는 맥락 파악이 우선이다 (비서신류 편)

편지나 이메일이 아닌 지문에서 맥락은 어떻게 파악하는 거야?

1 비서신류의 맥락 파악 전략

파트 7은 이메일, 편지, 메모와 같은 서신류와 그 외 웹페이지나 공고문, 안내문, 채팅/메시지 등 비서신류 그리고 기사 등 다양한 지문이 혼합되어 출제된다. 공식 3에서는 서신류를 제외한 나머지 지문에서 어떻게 맥락을 파악하는지 알아보자.

● 비서신류에서의 맥락 파악

파트 7에서 맥락 파악이란 말하는 사람 혹은 읽는 사람이 누구인지를 알아내고 글을 쓴 목적이나 주제를 파악하는 것이다. 편지나 이메일은 보낸 사람과 받는 사람의 정보가 지문에 있어 비교적 쉽게 찾을 수 있는 것에 비해, 서신류를 제외한 나머지 지문에서는 수신인 · 발신인의 정보가 정확하게 언급되지 않거나 지문에 숨은 경우가 많다. 따라서 지문의 주제를 파악하면서 유추하는 연습이 필요하다.

파트 7 서신류를 제외한 공고/안내문/웹페이지 등
· 글을 쓴 사람? 소속 회사와 하는 일 유추하여 찾아내기
· 글을 읽는 사람? 소속 회사와 하는 일 유추하여 찾아내기
· 주제 키워드? 제목과 말하고자 하는 목적

다만, 비서신류는 지문들만의 특징적인 요소가 중요하다.

2 맥락 파악 예시

● 비서신류(이메일, 편지, 메모를 제외한 파트 7에서의 지문)에서의 맥락 파악 문제를 풀기 전에 맥락 파악과 글 쓴 사람, 읽는(을) 사람, 주제 키워드를 유추하여 찾기 연습

광고(Advertisement)

Second Best Shop

Do you have old refrigerators, microwave ovens or other appliances you want to throw away? Or, is it better to purchase new or used one?

Why not visit to Second Best Shop? Not only we have all types of second-hand household appliances, but also our many used items are as good as new items. We'll take your used appliances at good prices or sell them for you.

If it is your first visit here, you'll receive a discount coupon for up to 20 percent off any purchase at our store. For more information, please visit our web site "www.secondbest.com."

Thank you.

맥락 파악

1. 쓴 사람은 누구인가?
2. 읽는 사람은 누구인가?
3. 주제 키워드는 무엇인가?

공식 03

포인트

포인트 1 서신류가 아니면 보낸 사람과 받는 사람의 정보를 간단하게 알아차릴 수 없다.

→ 이메일이나 편지는 지문에 발신/수신인의 정보가 여기저기 흩어져 있지만, 서신류가 아닌 지문은 지문의 특성 및 주제 키워드를 파악하면서 유추해야 하는 것이 가장 큰 차이점이다. 예를 들어, 위의 지문처럼 광고(Advertisement)라면 글을 읽을 사람은 고객 혹은 잠재고객일 가능성이 높다. 여기서 그치지 말고, 무엇을 판매하고 무엇을 구매할 사람들인지 등 세부적인 부분도 예측 · 유추해보자.

포인트 2 광고 지문은 고객을 끌어들이는 것이 주된 목적이다. 제품/회사/서비스의 장점 및 특징 소개가 이어서 설명된다.

→ 구인 광고가 아닌 일반적인 제품이나 서비스를 광고하는 지문에서는 자신들의 장점이나 특징을 소개하며 잠재고객들에게 어필하는 구간이 반드시 나온다. 또한 자신의 제품을 구매하거나 서비스를 이용할 경우 제공되는 특별한 혜택 등도 언급된다. 이 부분을 파악해둔다면 반드시 문제에 나오는 부분이므로 문제를 풀 때 구간 설정(문제의 키워드를 따라가는 것)을 하기 편리할 것이다. 광고 지문의 출제 구간이라고 불린다.

해석

Second Best Shop

버리고 싶은 낡은 냉장고나 전자레인지 혹은 이와 비슷한 가전제품들을 가지고 계신가요? 새것과 중고 중 어떤 것을 구매하는 것이 더 나을까요?

이제 더 이상 고민하지 마시고 Second Best Shop에 방문해보세요. 저희는 거의 모든 종류의 중고 가전제품들을 취급할 뿐 아니라, 새 제품과 거의 동일한 컨디션의 제품들을 보유하고 있답니다. 여러분의 중고 가전제품들을 좋은 가격에 매입하기도 하고, 또 판매하기도 합니다.

만약 처음 방문하시는 고객님이라면, 저희 매장 모든 제품을 최대 20퍼센트까지 할인받으실 수 있는 쿠폰을 드립니다. 더 많은 정보를 원하신다면, 저희 웹사이트(www.secondbest.com)에 방문해주세요.

감사합니다.

해설 및 정답

Second Best Shop

제목을 보면 제품을 판매하는 상점이라는 것을 알 수 있다.
여러 광고(구인, 제품, 서비스 등) 중 일반적인 전단지 광고라는 것을 예측할 수 있다.

Do you have old refrigerators, microwave ovens or other appliances you want to throw away? Or, is it better to **purchase new or used one**?

old appliances(낡은 가전제품) + used one(중고) = 중고 가전제품을 판매하는 상점이라는 것을 알 수 있다.

Why not visit to Second Best Shop? Not only we have **all types** of

광고에서는 자신들의 특징이나 장점을 소개하며 잠재고객을 끌어들이는 것에 집중하는 표현구간이 나온다.

second-hand household appliances, but also our many used items are **as good as** new items. We'll take your used appliances at good prices or sell them for you.

all types(모든 종류) + as good as(좋은 컨디션) = 중고제품들이지만 종류도 많고 신제품과 동일한 정도의 좋은 제품들이라는 장점/특징을 소개하는 문단

우리 제품을 구매할 경우 제공되는 특별 혜택 언급(할인)

If it is your first visit here, **you'll receive a discount coupon for up to 20 percent off** any purchase at our store. For more information, please visit our web site "www.secondbest.com."

Thank you.

1. 쓴 사람은 누구인가? 중고 가전제품 사장님
2. 읽는 사람은 누구인가? 중고 가전제품을 구매할 잠재고객님
3. 주제 키워드는 무엇인가? 판매광고 + 장점 및 혜택 소개

공지(Announcement)

Attention!

As of next Monday, Creation Hair Studio will be temporarily moving our head shop just across the street due to the interior renovation. The move from 22-19 Kings Avenue to 22-25 Kings Avenue will be temporary until the renovation project of our 1st shop is completely finished.

Although it will take approximately a month to complete it, we'd like to assure you that our regular services will continue as usual. So, there is nothing to worry about it.

Lastly, this year's recruitment is stopped and will be postponed until next month. Then, we will have an announcement later on the web site.

맥락 파악

1. 쓴 사람은 누구인가?
2. 읽는 사람은 누구인가?
3. 주제 키워드는 무엇인가?

포인트

포인트 1 수신자/발신자를 유추하는 것은 초반 주제 파악이 관건이다.

→ 이메일과 편지를 제외하면 대부분 제목만 보고 수신자와 발신자를 파악하기 어렵다. 심지어 공지(announcement, notice)나 정보(information) 등의 지문에서는 수신/발신자 모두 아무런 정보 없이 지문이 시작하는 경우가 있다. 이 경우 초반 문단에서 주제를 파악하면서, "과연 누가 쓴 걸까?"를 먼저 알아내보자. 그러면 자연스레 읽을 사람도 파악될 것이다.

포인트 2 공지나 정보 등의 지문에서는 초반에 목적이 분명하게 제시되며, 권장 사항이 포함된다.

→ 누군가에게 공지 사항을 쓴다는 것은 일정이나 장소 변경 혹은 상기시키고 싶은 주요 내용이 있다는 것이다. 그러므로 문단의 초반에 명확히 주제를 표현할 것이다. 앞부분에서 주제와 수신자/발신자를 모두 파악할 수 있으므로 제목이나 다른 정보가 없다고 너무 당황하지 말고, 초반 문단에 집중해보자. 그리고 각 단락의 초반을 읽다 보면, 권유나 제안을 하는 당부 사항이 나올 것이다. 이 부분을 잘 체크해놓으면, 분명 문제로 나올 것이다. 공지/정보의 출제구간이다.

해석

주목!

다음 주 월요일부로, Creation Hair Studio의 본점이 인테리어 공사로 인하여 길 건너로 잠시 이전합니다. 현주소인 22-19 Kings Avenue에서 22-25 Kings Avenue로의 이전은 본점의 내부 공사가 완료될 때까지 일시적임을 기억해주세요.

비록 공사 완료까지 약 한 달간의 기간이 소요되겠지만, 저희 숍의 일반적인 서비스들은 평상시처럼 이용 가능하다는 점을 알려드리고 싶습니다. 그러니 걱정은 안 하셔도 됩니다.

마지막으로, 이번 연도 채용은 잠시 중단되었으며, 다음 달(공사 완료)까지 연기될 것입니다. 추후 다시 웹사이트에 공지를 올리겠습니다.

해설 및 정답

Attention!

주의 사항. 일반적으로 공지 사항은 상기시키고자 하는 주요 내용이 초반 문단에 나온다.

헤어숍의 일시적 이전 + 내부 공사라는 내용으로 글을 쓴 사람과 지문의 주제가 모두 초반에 나와 있다.

As of next Monday, Creation Hair Studio will be temporarily moving our head shop just across the street **due to the interior renovation.** The move from 22-19 Kings Avenue to 22-25 Kings Avenue will be temporary until the renovation project of our 1st shop is completely finished.

각 단락의 초반 파악은 맥락 파악의 기본: 일시적인 이전이므로 서비스는 계속된다는 점을 상기

Although it will take approximately a month to complete it, **we'd like to assure you that our regular services will continue as usual.** So, there is nothing to worry about it.

각 단락의 초반 파악은 맥락 파악의 기본: 공사로 인한 다른 프로젝트(직원 공고)의 연기/중단

Lastly, this year's recruitment is stopped and will be postponed until next month. Then, we will have an announcement later on the web site.

1. 쓴 사람은 누구인가? 헤어숍 관계자

2. 읽는 사람은 누구인가? 헤어숍 이용 고객님 그리고 인턴 지원 예정자

3. 주제 키워드는 무엇인가? 헤어숍의 일시적인 이전 (내부 공사, 헤어숍 정상영업 강조 + 채용 중단 및 연기)

공식04

파트 7에는 맥락 파악이 우선이다 (기사 편)

맥락 파악 진짜 열심히 했는데, 신문기사는 대체 주인공이 누구니?

1 기사의 맥락 파악 전략

파트 7은 이메일, 편지, 메모와 같은 서신류와 그 외 웹페이지나 공고문, 안내문, 채팅/메시지 등 비서신류 그리고 기사 등 다양한 지문이 혼합되어 출제된다. 공식 4에서는 앞선 지문들과는 확연히 다른 신문기사(Article)에서 어떻게 맥락을 파악하는지 알아본다.

● 신문기사(Article)의 맥락 파악

파트 7에서 맥락 파악이란 말하는 사람 혹은 읽는 사람이 누구인지를 알아내고 글을 쓴 목적이나 주제를 파악하는 것을 말한다. 신문기사의 경우 글을 쓴 사람과 읽을 사람은 이미 정해져 있다. 토익에 나오는 기사는 정치나 스포츠면은 없으며, 모두 비즈니스 관련 내용이다. 따라서 글쓴이는 경제부 기자로, 수신인은 해당 신문 구독자로 파악해야 한다. 그리고 주제 키워드는 주인공과 함께 초반 문단에서 찾아내야 한다.

파트 7의 신문기사(Article)

- 글을 쓴 사람? 신문/매거진의 비즈니스 section 기자
- 글을 읽는 사람? 해당 신문/매거진의 구독자
- 주제 키워드? 2가지를 파악해야 한다.
  ① 기사의 주인공
  ② 기사의 제목과 스토리 파악

2 맥락 파악 예시

● **신문기사에서의 맥락 파악**

문제를 풀기 전, 신문기사만의 특징적인 요소를 고려하여 지문을 쓴 사람, 읽을 사람, 주제 키워드 2가지(주인공과 스토리 파악)를 파악한다.

기사(Article)

21th New York Trade Fair

Sep. 21

Yesterday, Key Way Electronics, one of the largest mobile phone manufacturers in China, officially announced that they want to participate in 21th New York Trade Fair held in the Spare Garden next month. According to the spokesperson, CEO Mei Chango wants Key Way Electronics to have a booth at the trade fair in October. And he wants to display their new mobile phone "PI-7 Note" series.

A new version of Key Way smart phone has been recently released in advance in Asia market. Because its earlier version "PI-6" has been very popular over the last year, the release of their much anticipated latest product, "PI-7 Note," has been delayed. In fact, many people have to wait until next month. In this sentence, China has continually encouraged a lot of entrepreneurial growth relative to 1990's.

Next month, 21th New York Trade Fair will be held with several China's companies. It will be the first mobile joint project between USA and a Chinese mobile company since China relaxed its related laws.

맥락 파악

1. 쓴 사람은 누구인가?
2. 읽는 사람은 누구인가?
3. 주제 키워드는 무엇인가?

포인트

포인트 1 신문기사는 글을 쓴 사람과 읽을 사람이 정해져 있다.

→ 토익에서 기사(Article)는 회사의 신제품 발표, 인수합병, 이전, 인사 이동 등 크고 작은 비즈니스 관련 정보 제공만을 다룬다. 특히, 스포츠나 정치, 사회 이슈 등 다른 기사는 다루지 않는 특징을 알아야 한다. 따라서 기사 지문의 맥락을 파악할 때는 글쓴이를 비즈니스 section의 기자로, 읽는 사람을 해당 신문의 구독자로 정한 다음 주제 키워드 찾기로 빠르게 넘어가는 것이 관건이다.

포인트 2 신문기사는 비즈니스 관련 특정 사실/정보를 제공하는 데에 목적이 있으므로, 주인공을 찾아 스토리를 파악하는 것이 포인트.

→ 토익에 출제되는 신문기사는 비즈니스 관련 사실 정보를 제공하는 것 말고는 다른 목적이 없다. 기초 수험생들은 기사만 나오면 어렵다고 생각한 나머지 포기해버리는 경우가 있는데, 절대 그렇지 않다. 실제 존재하는 기업들의 이름이 아니라서 그렇지, 고유명사(회사 이름, 세미나 이름, 박람회 이름 등)를 우리가 흔히 알고 있는 기업의 이름으로 바꿔서 읽어보면 신문기사만큼 쉬운 것도 없다. 초반 문단에서 회사의 주인공을 찾아보자. 그들이 뭐하는 사람들인지, 그리고 주제 스토리가 무엇인지 보자. 초반 문단에서 대부분의 주제 키워드 힌트를 찾을 수 있다.

해석

21회 뉴욕 무역 박람회

9월 21일 기사

어제, 중국에서 가장 큰 모바일 폰 생산업체 중 하나인 Key Way Electronics는 다음 달 스페어 가든에서 개최되는 제21회 뉴욕 무역 박람회에 참가하고 싶다는 의사를 공식적으로 발표했다. 대변인에 따르면, CEO인 Mei Chango는 Key Way Electronics가 10월 무역 박람회에서 자신들의 부스를 설치하기를 원하며, 그들의 신제품인 "PI-7 NOTE" 시리즈를 전시하기를 원한다.

Key Way 스마트폰의 신제품은 최근 아시아 시장에서 미리 출시했었다. 작년 한 해 동안 지난 버전인 "PI-6"의 엄청난 인기 때문에, 엄청난 기대를 한 몸에 받은 Key Way의 신제품은 출시가 미루어져왔었다. 실제로도 많은 사람들은 다음 달까지 기다려야 한다. 이러한 점을 볼 때, 1990년대에 비해 중국 기업의 국제적 성장이 엄청난 것을 알 수 있다.

다음 달, 제21회 뉴욕 무역 박람회가 여러 중국 기업들과 함께 개최된다. 이것은 중국이 관련법을 개선하고 나서 미국과 중국 모바일 회사 간의 첫 모바일 프로젝트이다.

해설 및 정답

21th New York Trade Fair

Sep. 21 날짜와 제목은 신문기사의 제목 및 기사 발행 날짜이다.

Yesterday, **Key Way Electronics**, **one of the largest mobile phone**
이 기업의 이름은 신문기사의 주인공이지 절대 글을 쓴 사람이나 읽는 사람과는 무관하다.
중요한 포인트. Key Way는 이 기사의 주인공이다.
manufacturers in China, **officially announced that they want to**
이 기사의 주인공인 Key Way가 하는 일은? 스마트폰 제조업체
participate in 21th New York Trade Fair held in the Spare Garden next month. According to the spokesperson, CEO Mei Chango wants Key Way Electronics to have a booth at the trade fair in October. And he wants to display their new mobile phone "PI-7 Note" series.
글의 주제 스토리는 Key Way라는 중국 기업이 미국 뉴욕에서 열리는 무역박람회 참가한다는 것.
물론 각 단락의 초반의 내용도 중요하지만, 신문기사는 주인공의 하는 일과 신문기사의 스토리 라인을 파악하는 것이 우선이다. 따라서 2번째 단락의 내용은 주인공인 Key Way가 무슨 일을 하는 회사인지 더 명확하게 단정지어주는 단서이다.

A new version of Key Way smart phone has been recently released in advance in Asia market. Because its earlier version "PI-6" has been very popular over the last year, the release of their much anticipated latest product, "PI-7 Note," has been delayed. In fact, many people have to wait until next month. In this sentence, China has continually encouraged a lot of entrepreneurial growth relative to 1990's.

마지막 문단은 미국과 중국 기업의 첫 협력 프로젝트라는 의미를 부여하고 있다.
Next month, 21th New York Trade Fair will be held with several China's companies. **It will be the first mobile joint project between USA and a Chinese mobile company** since China relaxed its related laws.

1. 쓴 사람은 누구인가? 신문의 비즈니스 section 기자(경제부)

2. 읽는 사람은 누구인가? 해당 신문의 구독자

3. 주제 키워드는 무엇인가?

① 주인공: Key Way(스마트폰 제조업체)

② 스토리: 중국 기업의 미국 박람회 참여. 중국 기업과 미국 간의 교류

공식05

파트 7의 문제유형 우선순위

자자자자 이제 문제를 풀어볼까? 근데 어떻게 풀어야 하지?

1 파트 7의 문제유형

맥락 파악을 연습하고 난 이후에 문제 푸는 것을 다음 순서로 잡은 이유는 파트 7의 문제 푸는 단계별 순서 때문이다. "선지문-후문제(지문을 먼저 파악하고 문제를 푼다)" 풀이법이라고 한다. 파트 7 문제들은 여러 가지 유형이 존재하고, 문제들은 모두 Wh의문사로 되어 있다. 주제/세부사항/추론 등 다양한 문제들이 존재하므로, 풀이법으로 들어가기 전에, 각각의 유형별 정리를 먼저 하고 출발하자.

2 주제 문제

목적이나 주제를 물어보는 주제 문제들은 주로 1번에 출제된다. 지문 초반의 내용이나 제목도 중요한 키워드이지만, 맥락을 파악할 수 있다면, 주제 문제는 비교적 쉽다. 다만, 주제 문제도 몇 가지 유형이 있다. 아래의 유형별 주제문에 관한 설명과 유형들을 정확히 익혀보자.

● 유형 1

해석상 글의 목적이나 주제, 글을 작성한 이유를 묻는 문제들

- **What is the purpose of the letter?**
  (편지의 목적은 무엇인가?)
- **Why did Mr. Jorge write the memo?**
  (Jorge 씨는 왜 메모를 썼는가?)
- **Why most likely was the letter written?**
  (편지는 왜 쓰여진 것 같은가?)

- **What is the topic of this article?**
  (이 기사의 주제는 무엇인가?)
- **What does the announcement mainly discuss?**
  (공지 사항에서 주로 다루어지는 것은 무엇인가?)
- **What is the notice mainly about?**
  (이 공지는 무엇에 관한 것인가?)
- **What is being advertised?**
  (무엇이 광고되고 있는가?)

● 유형 2

수신인/발신인의 직업이나 회사를 물어보는 문제 혹은 장소 문제들도 주제 문제와 관련이 있으며, 맥락 파악 후 쉽게 풀 수 있는 문제로, 주로 1번에 위치한다.

- **What kind of business most likely is 수신인/발신인?**
  (수신인/발신인은 어떠한 일을 하는 회사인가?)
- **For whom is the memo most likely intended?**
  (이 메모를 받는 사람은 누구일 것 같은가?)
- **Where would the advertisement most likely be seen?**
  (이 광고는 어디에서 발견할 수 있을 것 같은가?)
- **Who most likely is 수신인/발신인?**
  (수신인/발신인은 누구일 것 같은가?)

3 세부사항 문제

추론 형태가 아닌 일반적인 세부사항 문제들은 문제의 키워드를 따라가서 지문에서 구간 설정을 할 수 있는 문제들을 일컫는다. 제목이나 수신인/발신인 등을 제외한 나머지 고유명사나 일반명사, 날짜, 동사의 특징 등을 살려서 지문의 구간을 설정하는 것을 우선으로 한다. 정답을 고르는 것은 추후에 다루기로 한다.

● 유형 1

고유명사, 일반명사 따라가기

- 전제조건 – 보낸 사람 / 받는 사람 / 제목이 아닌 경우

• **What should applicants with application questions do on the web site?**
(지원에 관련하여 질문이 있는 지원자들은 웹사이트에서 무엇을 해야 하는가?)
→ 지문에서 application questions와 고유명사로 나올 web site(예: www.keymedia.com)를 따라간다. 해당 문장을 해석 후 문제를 푼다.

• **What does Ms. don indicate about her decision after the celebration party?**
(Don 씨는 축하파티 이후에 어떠한 결정이 있을 것이라고 하는가?)
→ 지문에서 after와 celebration party를 따라간다. 해당 문장을 해석 후 문제를 푼다.

● 유형 2

시간 표현(시제부사, 날짜, 시간 등)이나 숫자 관련 표현(돈, 코드) 따라가기

• **According to the article, what will happen on June 22?**
(기사에 따르면, 6월 22일에는 무슨 일이 일어날 것 같은가?)

• **What should Mr. Garcia send to the Personnel department by the end of the week?**
(Garcia는 이번 주 주말까지 인사부에게 무엇을 제출해야 하는가?)
→ 시제부사나 날짜와 같은 시간 표현들은 무조건 지문에 나오니 따라가서 해당 문장을 해석 후 문제를 푼다.

• **How can clients get a discount?**
(고객들은 어떻게 할인을 받을 수 있는가?)
→ discount와 같은 숫자 관련 표현은 지문에 똑같은 단어로 discount가 나올 수도 있고 혹은 15% off, 20$ reduced 등의 숫자 표현으로 나올 수 있다.

• **According to the memo, what can be found on the back of the employees' code number?**
(메모에 따르면 사원들의 코드넘버 뒷면에서 찾을 수 있는 것은 무엇인가?)
→ code number와 같은 숫자 관련 표현은 지문에 똑같은 단어로 code number가 나올 수도 있고 혹은 #223245 등의 숫자 표현으로 나올 수 있다.

● 유형 3

주장/요구/제안/의무 동사의 특정 구문 따라가기

토익 파트 3, 4, 7에 나오는 주장동사들은 해당 동사를 찾지 말고, 특정 구문을 따라가야 한다. 그러기 위해서는 우선 시험에 나오는 주장동사들을 외워야 한다.

1) 문제에 나오는 주장/요구/제안/의무 동사

A: ask, advise

R: require, request, recommend, remind

S: suggest

그 외 encourage, invite, propose, instruct, inquire 등

2) 지문에 나오는 주장/요구/제안/의무 동사의 구문

- 명령문: Please + 동사원형과 같은 명령구문, should, must, have to와 같이 '반드시 ~해야 한다'의 의미를 가진 명령문
- 의문문: Would you/Could you 등과 같은 요청, 부탁의 권유형 의문문과 be동사/do동사/have동사 의문문과 같은 일반의문문

- **What are employees asked to do?**

  (사원들은 무엇을 하라고 요구받았는가?)

→ ask를 따라가지 말고, 지문에서 명령문이나 의문문을 따라간다.

  예 **Be sure to wear the protective helmet.**

  (안전 헬멧을 반드시 착용하시오.)

- **What is a requirement of the membership?**

  (멤버십의 요구되는 사항은 무엇인가?)

→ membership은 일반명사로 따라갈 수 있지만, requirement는 따라가지 말고, 지문에서 명령문이나 의문문을 같이 따라가서 구간을 설정한다.

  예 **You have to pass the exam for our membership.**

  (우리 멤버십을 위하여 시험을 통과하셔야만 합니다.)

- **What is Ms. Maison encouraged to do by Monday?**

  (Maison 씨는 월요일까지 무엇을 하라고 요구받는가?)

→ Monday와 같은 시간 표현은 따라갈 수 있지만, encourage는 주장/요구/제안/의무의 동사이므로 지문에서 명령문이나 의문문을 따라가서 구간을 설정한다.

예 **Maison, I recommend that you complete the survey by next Monday.**
(Maison, 부디 다음 주 월요일까지 설문지를 완성해주시기를 요청드립니다.)

● 유형 4

부정어와 긍정어를 따라가는 문제

문제에 부정어와 긍정어가 있다면, 그대로 따라가지 말고, 부정어는 부정적인 단어를 지문에서, 긍정어는 긍정적인 단어를 지문에서 패러프레이징화하여 따라가야 한다.

1) 부정어란?

문제에 problem, concern과 같은 단어가 있을 때에는 지문에서 부정적인 표현들을 따라간다. 일반적으로 부정적인 표현으로 패러프레이징되어 있다.

- 토익에서의 부정어: problem, concern, unable, delay 등
  지문의 표현 예 Unfortunately, But, However, isn't와 같은 not + 동사구문

• What problem Ms. Derick describe in the form?
(Derick 씨가 양식에 묘사한 것 중에서 문제점은 무엇인가?

→ form이 지문이고 Derick이 양식(form)을 쓴 사람일 때, 주관식으로 서술된 문장에서 문제점 즉 부정적인 표현을 따라가서 해석 후 문제를 푼다.

2) 긍정어란?

문제에 advantage, congratulation과 같은 단어가 있을 때에는 지문에서 긍정적인 표현들을 따라가야 한다. 일반적으로 긍정적인 표현으로 패러프레이징되어 있다.

- 토익에서의 긍정어: accomplish, achieve, advantage, benefit 등
  지문의 표현 예 I'm happy, glad, good 등의 표현

- **What is mentioned as an advantage of using CCTV services?**
  (CCTV서비스를 이용함으로써 생기는 장점 중 하나는 무엇인가?)
  → CCTV가 광고지문의 제목일 때, 언급된 장점/이점의 긍정적인 표현 구문을 따라가서 해석 후 문제를 푼다.

● 유형 5

전체 추론 문제

추론 문제 중 전체 추론에 해당하는 문제들은 마지막에 풀거나 기초 수험생들의 경우 건너뛰기도 생각해두어야 한다.

1) 전체 추론 문제의 유형

- infer(추론하다), imply(암시하다)가 들어간 문제
- mention, state, indicate(언급하다)가 들어간 문제 혹은 is suggested(추론하다)가 들어간 문제
- 위의 문제 뒤의 키워드가 세부사항이 아닌 지문의 제목, 수신인, 발신인, 주인공 등일 때 이러한 문제들을 전체 추론 문제라고 한다.

예1 지문의 수신인/발신인 중 한명이 Mr. Cannon인 경우

What is suggested about Mr. Cannon?

(Cannon 씨에 대하여 추론할 수 있는 것은 무엇인가?)

→ 전체 추론 문제로 생각한다. 이러한 문제는 "마지막에 풀기"

예2 지문의 제목 혹은 주인공 키워드가 Career Fair(취업박람회)인 경우

What is indicated about the Career Fair?

(취업박람회에 관하여 언급된 것은/추론할 수 있는 것은 무엇인가?)

→ 전체 추론 문제로 생각한다. 이러한 문제는 "마지막에 풀기"

공식 05

공식06

파트 7의 주제/목적 문제 접근법

주제는 알겠는데 주제 문제는 계속 틀려요 쌤!!!

1 주제 문제의 유형 정리

주제 문제는 글을 쓴 목적이나 글쓴이의 직업 등을 묻는 문제로 지문의 전체적인 맥락을 파악하고 있는지를 물어보는 문제이다. 편지나 이메일처럼 서신류나 공지와 기사의 1번 문제로 출제가 잦은 편이다. 전체적인 맥락 파악이 필요한 문제이다.

지문 초반의 내용이나 제목도 중요한 키워드지만, 맥락을 정확하게 파악하는 것이 주제 문제의 정답률을 높이는 우선법칙이다. 다만, 앞에서 익혔듯이 주제 문제도 몇 가지 유형이 있다. 풀이전략을 공부하기 전에 유형별 주제문에 관한 설명과 유형들을 다시 한 번 떠올린 후 아래로 가보자.

2 주제 문제의 풀이전략

주제 문제를 풀 때 가장 흔하게 저지르는 실수가 초반 문단이나 제목만 보면 쉽게 답을 고를 수 있을 것이라는 생각이다. 맥락 파악에서 제목이나 수신인/발신인 정보를 찾는 것 외에 주제 키워드를 찾을 때는 짧은 지문인 경우 서론(초반)과 결론(후반부 내용. 끝인사 제외)을, 지문의 문단이 여러 개인 긴 지문인 경우, 초반 문단뿐 아니라, 각 단락(문단)의 초반 내용을 키워드화하는 것이 중요하다. 또한 오답을 삭제/소거하면서 답을 고르는 단계별 접근 역시 매우 중요하다.

짧은 지문의 주제 문제

Refer to the following information

Thanks for your purchasing from Time24.com and you now are an official owner of this watch. All of our watches are warranted by this card. It guarantees that that we are responsible for offering warranty service for your watch for 2 years. During the period, Time24 will repair it without charge. Regular check and annual cleaning are strongly recommended to prolong the life of your instrument. For more information or questions, please visit our web site "www.time24.com."

Model: Bell & Ross 0392
Serial Number: E984375
Purchase date: 2020. 01. 12
Sign:

What is the purpose of the card?
(A) To discuss a lease agreement
(B) To guarantee a product
(C) To repair a watch
(D) To recommend a new web site

포인트

포인트 1 짧은 지문은 서론과 결론에 주제 키워드가 있다

→ 주제/목적 문제는 제목과 초반 문단에 키워드가 있는 것이 일반적이지만, 제목이 없는 경우 해석을 통해 유추해나가야 한다. 그리고 수능영어 공부할 때를 떠올려보면 서론과 결론에 주제가 있다는 것을 알 수 있을 것이다. 그래서 짧은 지문인 경우 서론뿐 아니라, 후반부에 끝인사를 제외한 결론 부분쯤 어딘가에 키워드가 숨겨져 있는 경우도 있다.

포인트 2 지문 초반의 똑같은 단어가 주제 문제 보기에 있으면 의심하자! 삭제/소거로 푸는 것만이 정답의 지름길!

→ 주제/목적 문제뿐 아니라 파트 7 문제들은 패러프레이징이 기본이다. 그래서 오답 함정이 많다. 특히 주제 문제는 초반 지문의 똑같은 단어들이 함정의 포인트이다. 예를 들어 아래 지문은 watch(시계)와 후반부에 웹사이트 주소 등이 오답 함정이다. 따라서 맥락 파악을 먼저 한 이후에, 삭제/소거를 통해 가장 답과 비슷한 보기를 찾아가는 비교우위 작전을 펼쳐야 한다.

해석

Time24.com을 통해 구매해주신 점 감사드립니다. 그리고 귀하는 이제 이 시계의 공식적인 소유자입니다. 저희 모든 시계들은 정품임을 이 카드로 보증합니다. 이것은 2년 동안 저희가 귀하의 시계에 품질보증서비스를 제공하는 것에 책임이 있다는 것을 말하는 것이기도 합니다. 이 기간 동안에는 무상으로 수리서비스를 제공합니다. 정기점검과 매년 분해소재를 해주시는 것이 고객님의 기계 수명을 더 연장시킬 수 있는 좋은 방법임을 추천드립니다. 더 많은 정보와 질문이 있으시면, "www.time24.com"로 방문해주세요.

상품: Bell & Ross 0392
시리얼 번호: E984375
구매날짜: 2020. 01. 12
서명:

공식
06

해설

Thanks for your purchasing from Time24.com and you now are an
글을 쓴 사람이 Time24 Watch 시계판매자 + 글을 읽는 사람은 구매자라는 것을 알 수 있다.

official owner of this watch. All of our watches are **warranted by**
주제 키워드는 보증서의 내용

this card. It guarantees that we are responsible for offering warranty service for your watch for 2 years. During the period, Time24 will repair it without charge. Regular check and annual cleaning are strongly recommended to prolong the life of your instrument. For more information or questions, please visit our web site "www.time24.com."

Model: Bell & Ross 0392
후반부에 있는 주의 사항과 함께 모델번호/시리얼넘버/구매날짜 등을 살펴보면 보증서라는 것을 확실히 알 수 있다.

Serial Number: E984375

Purchase date: 2020. 01. 12

Sign:

이처럼 짧은 지문의 경우 맥락 파악은 서론과 결론 부분을 읽으면서 실시한다.
주제 문제를 풀 준비를 마친 상태

정답과 문제 해설

What is the purpose of the card?
(A) To discuss a lease agreement
(B) To guarantee a product
(C) To repair a watch
(D) To recommend a new web site

짧은 지문의 주제는
서론과 결론 부분이 포인트

이 카드의 목적은 무엇인가?
(A) 임대계약을 논의하기 위하여
(B) 제품을 보증하기 위하여
(C) 시계를 수리하기 위하여
(D) 새로운 웹사이트를 추천하기 위하여
정답: (B)

해설 맥락 파악을 통해 글쓴이는 시계판매업 사장님, 그리고 글을 읽는 사람은 시계를 이미 구매한 고객임을 알 수 있다. 문제(이 카드의 목적은 무엇인가?)와 초반 문단을 통해 주제가 보증서(Warranty Card)라는 것도 알 수 있다. 특히 후반부에 시리얼넘버나 구매날짜 및 서명란이 있는 것을 보면, 더욱 쉽게 주제 키워드에 도달할 수 있다. 보기에서 정답은 (B)이다.

- 삭제/소거의 중요 포인트: 지문 초반에 있는 동일한 어휘인 watch나 지문 후반부에 있는 웹사이트의 내용을 이용한 오답인 (C) '시계를 수리하기 위하여'나 (D)'새로운 웹사이트를 추천하기 위하여'를 삭제/소거하며 답을 고르는 것을 기억해두자. 그러면 오답률이 줄어든다.

To: Dr. Patterson<patterson@gmail.com>
From: Christine Dvorak<reception@k21economics.com>

Thank you for agreeing to speak at International Economics & Trend Seminar on June 20. As you know, the event will be held in your university. It isn't changed.

It is an honor to work with you this time. You will be one of 6 economists giving a presentation at the event, which has been held annually over the past 20 years. Due to the last year's great success, we expect the event to attract over 300 attendees who want to learn about economic trends from notable economists.

As we discussed, you will receive complimentary admission tickets from Mr. Crob, one of our receptionists. He has enough tickets for your students to attend. So, please let me know how many do you need by the end of the week.

We look forward to that day.

Sincerely,

Christine Dvorak

1. What is the main purpose of this e-mail?
(A) To provide detailed information
(B) To offer students an economic seminar
(C) To explain last year's economic trends
(D) To reschedule a seminar

2. Who most likely is Dr. Patterson?
(A) A student
(B) An economist
(C) A seminar host
(D) A tour guide

포인트

포인트 1 긴 지문은 문단 초반 및 각 단락 초반의 내용이 맥락 파악의 핵심이다.
→ 주제/목적의 문제는 제목과 초반 문단에 키워드가 있는 것이 사실이지만, 지문이 비교적 긴 경우, 그중에서도 문단이 여러 개인 경우는 각 단락 초반의 내용이 주제 파악에 중요한 영향을 끼친다. 단락이 여럿이라는 것은 말하고자 하는 스토리가 여럿이라는 얘기이기 때문이다. 초반의 내용뿐 아니라, 각 단락 초반의 내용을 키워드 단어로 정리하여 맥락 파악을 먼저 해보자.

포인트 2 삭제/소거로 푸는 주제/목적 문제와 수신/발신인의 정보를 묻는 Who/Where 주제 등 주제 문제의 유형을 파악해보자.
→ 일반적으로 처음 지문에는 자신의 하는 일과 소속 부서 등 소개를 하는 지문이 나오며, 이 부분은 who, where 주제 등의 구문이 된다. 한편, 소개 이후 나오는 구문은 글의 목적/주제의 구문이 된다.

해석

받는 사람: Patterson 박사님<patterson@gmail.com>
보낸 사람: Christine Dvorak<reception@k21economics.com>

우선 6월 20일에 있을 국제 경제 최신경향 세미나에서 연사를 수락해주신 점에 대하여 감사의 말씀을 드립니다. 아시다시피 이번 행사는 박사님의 대학교에서 열릴 예정이고요. 이 부분은 변함없습니다.

이번에 박사님과 같이 일을 하게 되어 영광으로 생각합니다. 지난 20년 동안 매년 개최된 이번 행사에서 박사님은 6명의 발표자 중 한 분이신데요. 작년의 큰 성공 때문에, 이번에는 저명한 경제학자들로부터 최신 경제 경향을 공부하고 싶어하는 참가자들이 300명은 넘을 것으로 기대됩니다.

저희가 논의했던 대로, 저희 리셉션니스트 중 한 명인 크롭 씨로부터 무료 입장 티켓들을 받게 될 것입니다. 그는 박사님의 학생분들이 참여할 만큼의 충분한 티켓을 가지고 있습니다. 그러니 정확히 몇 장이 필요하신지 이번 주말까지만 알려주시면 감사하겠습니다.

곧 뵐 날을 기대하고 있겠습니다.

감사합니다.

Christine Dvorak

해설

To: Dr. Patterson<patterson@gmail.com>

From: Christine Dvorak<reception@k21economics.com>
발신자의 이메일 계정에서 경제학에 관련된 이벤트가 있을 것으로 유추할 수 있다.

Thank you for agreeing to speak at International Economics & Trend Seminar on June 20. As you know, the event will be held in
경제세미나에서 연설을 할 사람이 You. 즉 패터슨 박사가 연사임을 유추 가능
your university. It isn't changed.

첫 문단 후반부에 일정과 장소, 그리고 2번째 문단에서 역시 세부적인 정보를 제공해주고 있다. 연사에게 세미나에 관한 세부정보를 제공하는 것이 핵심

It is an honor to work with you this time. You will be one of 6 economists giving a presentation at the event, which has been held annually over the past 20 years. Due to the last year's great success, we expect the event to attract over 300 attendees who want to learn about economic trends from notable economists.

As we discussed, you will receive complimentary admission ticket
3번째 문단 역시 무료티켓 등 세미나에 대한 더욱 세부적인 정보/질의응답에 관한 내용을 포함하고 있다.
from Mr. Crob, one of our receptionists. He has enough tickets for your students to attend. So, please let me know how many do you need by the end of the week.

We look forward to that day.

Sincerely,

Christine Dvorak

공식 06

정답과 문제 해설

1. What is the main purpose of this e-mail?
(A) To provide detailed information
(B) To offer students an economic seminar
(C) To explain last year's economic trends
(D) To reschedule a seminar

긴 지문의 주제 문제는
초반 및 각 단락의 초반의
내용이 답의 포인트

---

1. 이메일의 주된 목적은 무엇인가?
(A) 세부적인 정보를 제공하기 위하여
(B) 학생들에게 경제 세미나를 제공하기 위하여
(C) 작년 경제 경향을 설명하기 위하여
(D) 세미나의 일정을 변경하기 위하여
정답: (A)

해설 지문에서 맥락 파악을 하면, 글을 쓴 사람은 세미나 주최와 관련된 사람이라는 것을 이메일 계정과 초반 문단의 인사말을 통해 유추할 수 있으며, 글을 받는(읽는)사람은 Dr(박사)라는 호칭과 초반 문단에서 세미나의 연사로 제의를 수락한 것을 미루어 보아 연사이자 대학교수라는 것을 유추할 수 있다. 그리고 각 문단의 초반 내용이 세미나에 관련된 세부적인 내용. 즉, 일정이나 장소, 순서 그리고 무료티켓에 관한 정보 등을 연사에게 말한다는 것을 알 수 있다. 따라서 정답은 (A) '세부적인 정보를 제공하기 위하여'이다.

- 삭제/소거의 중요 포인트: 맥락 파악 그 이후에, 주제 문제로 들어와서 곧바로 무턱대고 답을 고르면, 지문의 초반에 똑같은 단어가 있는 (B)나 (C), (D) 등도 헷갈리게 마련이다. (B)는 학생들에게 제공한 이메일이 아니므로 오답. (C)는 이메일의 내용이 전문적인 경제경향에 대하여 쓴 글이 아니므로 오답(아마 세미나의 주제가 아닐까? 이메일의 주제가 아니라). (D)는 다시 일정을 조정하거나 날짜를 변경한 것이 아니므로 오답. 이렇게 삭제/소거를 해야 안전하게 답을 고를 수 있다. 이것을 삭제/소거 + 비교우위 전략이라고 한다.

2. Who most likely is Dr. Patterson?
(A) A student
(B) An economist
(C) A seminar host
(D) A tour guide

맥락 파악을 하면
자연스레 풀리는
Who/Where 주제 문제

---

2. 패터슨 박사는 누구일 것 같은가?
(A) 학생
(B) 경제학자
(C) 세미나 주최자
(D) 여행 가이드
정답: (B)

공식
06

해설 맥락 파악을 통해 쉽게 답을 고를 수 있는 문제이다. 주제 문제의 유형을 목적을 물어보는 문제와 발신/수신자의 직업과 장소를 물어보는 문제로 나눈다면, 맥락 파악 이후에 3초 만에 답을 고를 수 있는 문제임을 알 수 있다.

- 삭제/소거의 중요 포인트: 맥락 파악에서 보낸 사람과 받는 사람의 주체를 잘못 파악하게 되면, (C) '세미나 주최자'로 오답을 고를 수 있음에 주의한다.

공식07

파트 7의 세부사항 문제 접근법 1: 직접 따라가기

주제 문제 말고 나머지는 어떻게 푸는 거죠? 이것도 접근법이 있나요?

1 세부사항 문제의 유형 정리 1탄

추론 형태가 아닌 일반적인 세부사항 문제들은 문제의 키워드를 따라가서 지문에서 구간 설정을 할 수 있는 문제들을 일컫는다. 제목이나 수신인/발신인 등을 제외한 나머지 고유명사나 일반명사, 날짜, 동사의 특징 등을 살려서 지문의 구간을 설정하는 것을 우선으로 한다. 이에 대해서는 공식5에서 이미 다룬 바, 간단하게 다시 짚고 넘어간다.

● 유형 1

고유명사, 일반명사 따라가기

- 전제조건 – 보낸 사람 / 받는 사람 / 제목이 아닌 경우

● 유형 2

시간 표현(시제부사, 날짜, 시간 등)이나 숫자 관련 표현(돈, 코드) 따라가기

2 예문으로 문제 적용하기 1

Refer to the following job advertisement

Wanted: Pro Square Building's management technician, Intern
Job Starting Date: May 1st
Hours: 9 A.M. to 6 P.M. (Regular hours)

Responsibilities includes:
• Maintenance including inspection and repair of elevators and escalators in 6 floors in Pro Square Building
• Regular check and suggestion for improvement
• Identify and rectify the problem of office equipment

At least 4 years' experience in a maintenance field and a valid license(CTT) are required. Applicants must speak English proficiently and have a high school degree.

Salary: almost $30/hour depending on the level.

Job available for a temporary worker. The assignment is for one year. If you are interested in this position, please download the online application on our web site.

1. How long will the job last?

(A) 1 month

(B) 3 months

(C) 12 months

(D) 18 months

2. What are interested applicants recommended to do on the web site?

(A) Apply for the loan

(B) Fill out the document

(C) Solicit a survey

(D) Rewrite a recommendation letter

포인트

포인트 1 문제 및 보기에 있는 고유명사나 시간 표현 등은 세부사항 키워드로 지문을 따라간다.

→ 맥락 파악 이후 주제 문제를 풀고 나면, 이제 세부사항 문제들과 추론 문제들을 구별하여 단계별 완주법을 익혀야 한다. 출제되는 문항수가 많지는 않지만, 비교적 쉽게 풀 수 있는 문제 유형이 바로 문제 및 보기에 고유명사나 숫자 표현(날짜, 시간, 돈 등)이 있는 문제들이다. 지문에서 위치 선정이 쉽기 때문이다. 주의할 점은 고유명사나 사람 이름 등을 따라갈 때 지문의 발신인/수신인이나 제목은 아니어야 한다는 점이다. 이러한 문제들은 추론 문제로 분류된다.

예 글쓴이가 Mr. Honaldo일 때

What is indicated about Mr. Honaldo?

(Mr. Honaldo에 대해 언급된 것은 무엇인가?)

→ 추론 문제이다.

포인트 2 키워드를 따라가되 해당 키워드가 있는 문장 전후를 살펴야 한다.

→ 세부사항 중 지문에 그대로 나와 있거나 비교적 쉽게 구간을 찾아갈 수 있는 경우의 수를 정리해보자.

1) 숫자 표현: 대문자의 요일이나 숫자로만 되어 있는 연도, 돈, 기간 등이 문제와 보기에 있는 경우

예 날짜 표현

What will happen on March 3?

(3월 3일에는 무슨 일이 있을 것인가?)

→ 지문에서 March 3을 따라가서 해당 문장을 해석하여 문제를 해결한다.

2) 고유명사: 사람 이름이나 회사 이름, 직책 등이 문제와 보기에 있는 경우. 단, 보낸 사람이나 받는 사람, 제목과는 상관없는 고유명사여야 한다.

예 사람 이름

Who is Mr. Dunmills?

(Dunmills는 누구인가?)

→ 발신인이나 수신인이 아니라면, 지문에 Mr. Dunmills를 따라간다. 해당 문장에 그 사람의 직책이나 소속사 등의 정보가 제시될 가능성이 높다.

3) 수단/방법: How동사로 시작하는 문제는 '수단과 방법론'을 물어보는 문제로, 주로 전화번호나 이메일, 웹사이트 등이 포함된 문제가 정답의 단서로 출제된다.

예 방법 묻기

How can a parking permit be obtained?

(주차권은 어떻게 얻을 수 있는가?)

→ 이러한 문제들은 parking permit(주차증)을 따라갈 수도 있고, 보기에 주로 e-mail, online 등의 단서가 포함된 문제들이 많으므로, 지문을 따라가는 단서로 활용한다.

해석

구인: 프로 스퀘어 빌딩의 매니지먼트 테크니션, 인턴직
업무 시작 날짜: 5월 1일
근무 시간: 오전 9시~오후 6시(정규업무시간)

업무

• 프로 스퀘어 빌딩 6개 층의 엘리베이터와 에스컬레이터의 수리 및 점검을 포함한 유지/보수 작업
• 장비의 개선을 위한 정기점검 및 제안
• 사무용 장비의 문제점을 파악하고 개선

최소 유지/보수 관련 4년 경력 및 만료되지 않은 CTT 자격증 소지자에 한함. 지원자들은 반드시 영어에 능통해야 하며, 고등학교 졸업장 소지자이어야 함.

급여: 시간당 30달러. 단, 레벨에 따라 다름.

이번 직원 공고는 임시직이며, 업무 기간은 1년입니다. 관심이 있으신 지원자들은 웹사이트에서 온라인 지원서를 다운로드 받아주시기 바랍니다.

해설

<u>**Wanted: Pro Square Building's management technician, Intern**</u>
직원 공고문: 인턴직 테크니션을 뽑는 직원 공고문이라는 것을 알 수 있다.

Job Starting Date: May 1st
Hours: 9 A.M. to 6 P.M. (Regular hours)

Responsibilities includes: 직원 공고문은 직무 소개와 자격요건으로 나뉜다. 이 부분은 직무 소개
• Maintenance including inspection and repair of elevators and escalators in 6 floors in Pro Square Building

• Regular check and suggestion for improvement

• Identify and rectify the problem of office equipment

직원 공고문은 직무 소개와 자격요건으로 나뉜다. 이 부분은 자격요건
<u>**At least 4 years' experience in a maintenance field and a valid license(CTT) are required. Applicants must**</u> speak English proficiently and have a high school degree.

<u>**Salary**</u>: almost $30/hour depending on the level.
급여체계나 인턴직의 근무기간 등 세부적인 정보로 마무리

일반적으로 단락이 나누어져 있으면 각 단락의 대략적인 내용을 확인하는 것이 맥락 파악의 기본
<u>**Job available for a temporary worker. The assignment is for one year.**</u> If you are interested in this position, please download the online application on our web site.

공식 07

정답과 문제 해설

1. How long will the job last?

(A) 1 month

(B) 3 months

(C) 12 months

(D) 18 months

보기의 기간 표현이 키워드
지문에서 기간 표현을 따라간다.
마지막 문단의 One year

1. 업무의 지속 기간은 얼마인가?

(A) 1개월

(B) 3개월

(C) 12개월

(D) 18개월

정답: (C)

해설 세부사항 문제 중 시간 표현 등은 직접적으로 지문에 언급되는 경우가 대부분이다. 문제가 How long(얼마나 오래: 기간)이고 보기에 기간 표현들이 들어간 문제로, 문제를 해석한 다음 지문에서 숫자(기간)가 있는 부분을 따라가면 쉽게 해결된다. 지문에는 숫자 표현이 일의 시작 날짜와 근무시간 등 여러 부분이 있으므로 문제를 정확히 해석하는 것이 중요하다.

2. What are interested applicants recommended to do on the web site?

(A) Apply for the loan

(B) Fill out the document

(C) Solicit a survey

(D) Rewrite a recommendation letter

문제에 있는 웹사이트가 키워드
지문에서 웹사이트 혹은
웹주소를 따라간다.

2. 관심 있는 지원자들은 웹사이트에서 무엇을 하도록 권유받는가?

(A) 대출을 신청(지원)한다.

(B) 서류를 작성한다.

(C) 설문조사를 부탁한다.

(D) 추천서를 다시 작성한다.

정답: (B)

해설 문제에 있는 web site는 지문에 웹사이트의 주소(예: www.keymedia.com)로 언급될 수도 있지만, online이나 download처럼 관련 어휘로 나오기도 한다. 비슷한 예로 문제에 discount라는 단어가 있다면, 지문에는 20% off 등으로 나올 가능성이 있는 것과 마찬가지이다.

3 예문으로 문제 적용하기 2

Refer to the following receipt

Croado Beach

Customer: Melvin Anthony
Room: 1104
Service: Summer Suite Room Package
Check in date: 8 August
Check out date: 11 August

Account Summary	
Room charge	$ 300.00
Additional Breakfast charge	$ 40.50
New additional charges (+ movie channel)	$ 10.50
Room service	$ 45.50
New customer discount promotion	-$ 19.50
Total due	$ 377.00

If you want to participate in our customer survey, please visit the web site "www.croadohotel.com/survey." As long as you fill out the form completely, we will send you a gift certificate.

We look forward to seeing you again.

Thank you.

1. What kind of business most likely is Croado?

(A) A beauty shop

(B) An accommodation

(C) A catering service

(D) A law firm

2. How much is Mr. Anthony being charged per night?

(A) $100

(B) $300

(C) $377

(D) $40.50

해석

Croado Beach

고객명: 멜빈 앤토니
룸: 1104호
서비스: 여름 스위트룸 패키지
체크인 날짜: 8월 8일
체크아웃 날짜: 8월 11일

결제 정보	
방 이용료	300달러
추가 조식 비용	40.50달러
추가비용(영화채널)	10.50달러
룸서비스	45.50달러
신규고객할인	-19.50달러
총 이용금액	377달러

만약 고객만족도조사에 참여하고 싶으시면 저희 웹사이트 www.croadohotel.com/survey에 방문해주세요. 작성하시면 상품권을 발송해드립니다.

다음에도 또 뵐 수 있기를 기대합니다.

감사합니다.

해설

Refer to the following receipt 호텔 이용 영수증이라는 것을 알 수 있다.

Croado Beach 바닷가를 연상시키는 회사명. 바닷가에 위치한 업체라는 것을 유추할 수 있다.

Customer: Melvin Anthony 호텔 이용 고객

Room: 1104

Service: Summer Suite Room Package 호텔이라는 것을 짐작할 수 있는 단서

Check in date: 8 August

Check out date: 11 August 8월 8일부터 8월 11일까지 총 3박 4일 이용

Account Summary

Room charge	**$ 300.00** 1박에 100달러라는 것을 연상할 수 있다.
Additional Breakfast charge	$ 40.50
New additional charges(+movie channel)	$ 10.50
Room service	$ 45.50
New customer discount promotion	-$ 19.50
Total due	**$ 377.00** 총 이용 금액

마지막 문단에는 고객만족도 조사에 참여를 유도하고 상품권을 증정한다는 혜택을 소개하는 내용

If you want to participate in our **customer survey**, please visit the web site "www.croadohotel.com/survey." As long as you fill out the form completely, we will send you a **gift certificate**.

We look forward to seeing you again.

Thank you.

맥락 파악

글을 쓴 사람: 호텔

글을 읽는 사람: 호텔이용고객

주제: 호텔 이용 요금 영수증 정보 및 고객설문조사 유도

정답과 문제 해설

1. What kind of business most likely is Croado?

(A) A beauty shop

(B) An accommodation

(C) A catering service

(D) A law firm

맥락 파악 속에 답이 있다
수신/발신자 파악

---

1. Croado는 무엇을 하는 업체인가?

(A) 뷰티 숍

(B) 숙박시설

(C) 출장뷔페업체

(D) 법률회사

정답: (B)

해설 맥락 파악을 통해 호텔을 이용한 고객에게 제공하는 영수증이라는 것을 알 수 있다. 따라서 정답은 숙박시설을 의미하는 (B)이다.

2. How much is Mr. Anthony being charged per night?

(A) $100

(B) $300

(C) $377

(D) $40.50

돈을 따라가는 문제
총 비용이 아닌 1박 가격

---

2. Anthony는 1박에 얼마를 지불하는가?

(A) 100달러

(B) 300달러

(C) 377달러

(D) 40.50달러

정답: (A)

해설 How much(얼마나: 가격)의문문으로 보기의 숫자(돈)을 따라갈 수 있는 문제이다. 다만, 영수증이라는 특징을 감안하면 모든 내용이 돈이므로 문제 해석이 중요하다. 8월 8일부터 11일까지 3박 4일을 머문 총 비용이 377달러. 그중 총 방 이용료가 300달러이다. 3박 4일의 총 방 이용료가 300달러이므로 하루(1박)의 룸 사용료는 100달러라는 것을 알 수 있다. 어렵진 않지만 문제의 해석을 조심해야 하는 문제이다.

공식08

패러프레이징 강훈련 (주제 및 세부사항 구간)

해석을 해도 보기와 같은 의미를 찾는 것은 너무 어렵다고!!

1 주제 구간과 세부사항 구간 패러프레이징 연습

맥락 파악으로 해석하고 주제 키워드를 찾았다고 하더라도, 보기에서 삭제/소거를 통해 답을 고르는 작업은 또 다른 어려움이 있다. 정답을 고를 때는 무엇보다 보기에서 삭제/소거를 통해 답을 고르는 단계별 작업이 중요하다. 그러니 평상시에 조금씩 패러프레이징 훈련을 해보자. 너무 겁먹을 필요 없다.

● 다음 문장을 읽고 해석 후 비슷한 의미를 가진 보기를 골라보세요.

1번: **(E-mail) Thanks for your interest in our catering service.**

→ 해석:

(A) You are a prospective client.
(B) You have already used our service.

2번: **(E-mail) I'm writing to let you know about a change we need to make to our meeting schedule.**

→ 해석:

(A) The meeting date has been revised.
(B) The original meeting has been canceled.

3번: **(Memo) The aim of this workshop is to offer our employees a way to improve your interactions with clients.**

→ 해석:

(A) The company is committed to increasing sales.
(B) All employees are required to attend the event.

4번: **(Announcement) We would like to get your feedback on the effectiveness of this training.**
→ 해석:

(A) The survey regarding the training is being conducted.
(B) The result of this questionaries is being posted on the bulletin board.

5번: **(Announcement) Thank you for participating in this focus group for Sunrise's new line of beverage.**
→ 해석:

(A) Sunrise's employees are encouraged to purchase a snack.
(B) Sunrise has recently released a new product on the market.

해석과 해설

1번: **(E-mail) Thanks for your interest in our catering service.**
→ 해석: 저희 출장외식 서비스에 관하여 관심 가져주신 점 감사드립니다.

(A) You are a prospective client.
(수신인은 잠재고객이다.)
(B) You have already used our service.
(수신인은 이미 서비스를 이용 중인 고객이다.)
정답: (A)

해설 Thanks for your interest(관심 감사드립니다)의 표현은 잠재고객에게 쓰는 표현으로, 아직 계약 혹은 등록/구매 등을 하지 않았지만 구매 전 제품이나 서비스에 관한 질의 응답이 오가고 있음을 나타내는 것이다. 잠재고객을 가리킬 때는 prospective, potential 등을 사용한다. 이미 구매한 고객에게 말하는 첫 인사로는 Thanks for your purchase (구매 감사드립니다)를 써야 한다.

2번: (E-mail) I'm writing to let you know about a change we need to make to our meeting schedule.

→ 해석: 우리의 회의 일정을 변경해야 하는 것에 대하여 말씀드리고자 글을 씁니다.

(A) The meeting date has been revised.

(미팅 날짜가 변경되었다.)

(B) The original meeting has been canceled.

(원래 미팅이 취소되었다.)

정답: (A)

해설 I'm writing to부정사(제가 글을 쓰는 이유는요) 구간은 파트 7 서신류의 글을 쓴 목적과 이유를 직접 말하는 구간이다. 스케줄의 변경(change)을 말하고 있으므로, 취소가 아닌 변경의 의미를 가진 (A)를 답으로 골라야 한다. 토익에서 나오는 change는 new, add, update, revise 등의 의미를 갖고 있다.

3번: (Memo) The aim of this workshop is to offer our employees a way to improve your interactions with clients.

→ 해석: 이번 워크숍의 목적은 사원들에게 고객들과의 소통을 향상시키기 위한 것입니다.

(A) The company is committed to increasing sales.

(회사는 판매 증진에 전념하고 있다.)

(B) All employees are required to attend the event.

(모든 사원들은 이벤트에 참여할 것을 제안받았다.)

정답: (B)

해설 파트 7 지문에서 워크숍을 설명하는 메모라고 가정했을 경우, 워크숍의 목적은 초반 문단에 말했을 가능성이 크다. 메모(Memo)의 특징 중 하나가 같은 회사 내에서 윗사람이 사원들에게 전달하는 공지 사항이라는 것이다. 그래서 해당 문장을 패러프레이징하면, 사원들에게 워크숍의 중요성을 말하고 참여를 유도하는 문장의 의미를 가지는 것이 어울리므로 정답은 (B)이다.

4번: (Announcement) We would like to get your feedback on the effectiveness of this training.

→ 해석: 이번 워크숍(트레이닝)의 효율성에 대한 여러분들의 의견을 듣고 싶습니다.

(A) The survey regarding the training is being conducted.

(트레이닝에 관한 설문조사가 시행되고 있다.)

(B) The result of this questionaries is being posted on the bulletin board.

(설문지 질문들의 결과가 게시판에 게시되고 있다).

정답: (A)

해설 지문 초반에 목적이나 이유를 말할 때 자주 나오는 표현으로 I'd like to(~하고 싶습니다)가 있다. 의견을 수렴하고 싶다는 것은 아직 결과가 나오지 않은 상태이기에 설문조사를 진행 중이라고 표현한 (A)가 정답에 가깝다. 설문조사에 관한 내용은 토익 RC/LC 전반에 걸쳐서 자주 출제되는 스토리이다. 설문조사의 목적은 의견을 수렴하고 더 나은 서비스를 위해 개선할 부분이 어떤 것인지를 알기 위함이다.

5번: (Announcement) Thank you for participating in this focus group for Sunrise's new line of beverage.

→ 해석: Sunrise의 새로운 신제품 음료수 출시에 관한 포커스 그룹에 참여해주신 여러분께 감사드립니다.

(A) Sunrise's employees are encouraged to purchase a snack.

(Sunrise의 사원들은 스낵을 구매하도록 유도받고 있다).

(B) Sunrise has recently released a new product on the market.

(Sunrise는 최근 신제품을 출시했다).

정답: (B)

해설 신제품 출시에 따른 포커스그룹에 참여한 사람들에게 감사의 말을 전하는 공지 사항의 첫 지문 내용에 어울리는 구간이다. 이로써 알 수 있는 것은 신제품을 출시했다는 점이다. 포커스 그룹 역시 단서가 된다. 이러한 문장의 패러프레이징은 주제/목적 문제, 혹은 가끔 파트 7에서 1번 문제에 출제되는 추론 문제가 있다. 그때 정답으로 출제되는 보기라고 생각하면 된다.

2 세부사항 구간 패러프레이징 연습

세부사항 문제들의 키워드, 그중 시간 표현이나 고유명사 등을 따라가는 것이 쉬운 구간 찾기였다 할지라도 정답을 고르는 과정은 다른 이야기이다.

● 다음 문장을 읽고 해석 후 비슷한 의미를 가진 보기를 골라보세요.

1번: **(Article) Sales will continually increase up to 20% after our new items is released.**

→ 해석:

(A) Despite launching new products, it has been a bad month for the business.
(B) Thanks to launching products, the business is doing well.

2번: **(Information) Snacks like doughnuts, coffee and a variety of fruits will be served to patrons at no cost.**

→ 해석:

(A) Customers will receive the complimentary refreshments.
(B) Only employees will get the free refreshments.

3번: **(Notice) Unlike the other rival companies, we offer all interns an incentive.**

→ 해석:

(A) Our employees have received the competitive benefit package.
(B) Only full-time workers should receive a bonus.

4번: (Notice) This charity fundraising party has been canceled due to the lack of capital.

→ 해석:

(A) This event was relocated in the capital of Korea.
(B) The event was halted for a time by lack of funds.

5번: (E-mail) You can come in any time before 6 P.M. to pick your car up.

→ 해석:

(A) You can visit the auto repair shop during the regular business hours.
(B) You can drop by the auto repair shop tomorrow night.

해석과 해설

1번: (Article) Sales will continually increase up to 20% after our new items is released.

→ 해석: 신제품들을 출시하고 난 이후에 판매량이 거의 20퍼센트까지 증가할 것이다.

(A) Despite launching new products, it has been a bad month for the business.
(신제품 출시에도 불구하고, 회사는 어려움을 겪고 있다.)
(B) Thanks to launching products, the business is doing well.
(신제품을 출시한 덕택에 회사는 호황기를 누리고 있다.)
정답: (B)

해설 영업이익이 20퍼센트까지 올라갔던 배경으로 신제품 출시를 말하고 있으므로, 이유의 전치사 thanks to(덕택에)가 들어간 긍정의 의미인 (B)가 정답이다.

2번: (Information) Snacks like doughnuts, coffee and a variety of fruits will be served to patrons at no cost.

→ 해석: 도너츠, 커피 그리고 다양한 과일 등과 같은 스낵류들은 VIP고객님들에게 무료로 제공될 것입니다.

(A) Customers will receive the complimentary refreshments.

(고객님들은 무료 다과를 받을 것입니다.)

(B) Only employees will get the free refreshments.

(오직 사원들만 무료 다과를 받을 수 있습니다.)

정답: (A)

해설 patron은 '후원자'라는 의미가 있지만, '단골고객, VIP'를 의미하는 valuable customer(소중한 고객)를 표현할 때 쓰는 단어이기도 하다. 그러한 고객님들에게 제공되는 간단한 다과류는 당연히 무료여야 할 것이므로 (A)가 정답이다. complimentary, free 등이 at no cost(무료로)와 동의어인 것은 필수!

3번: (Notice) Unlike the other rival companies, we offer all interns an incentive.

→ 해석: 다른 라이벌 회사들과는 달리, 우리는 모든 인턴들에게도 인센티브제도를 도입합니다.

(A) Our employees have received the competitive benefit package.

(우리의 사원들은 경쟁적인 복리혜택을 받고 있습니다.)

(B) Only full-time workers should receive a bonus.

(오직 정규직 사원들만 보너스를 받을 수 있습니다.)

정답: (A)

해설 Unlike는 전치사로, '~와 달리' 즉, 비교구문으로 표현하고 싶을 때 쓰이는 전치사이다. 모든 사원들에게 제공하는 것이 incentive(경쟁/성과에 따른 보너스)라는 것이 포인트이므로 정답은 (A)번이다. 모든 사원들을 강조하기보다는 경쟁에 따른 보너스를 강조하고 있는 문제이다. (B)는 only full-time workers(오직 정규직들만)이라는 표현이 주어진 문장의 all intern(모든 인턴. 비정규직)과 대비되므로 오답이다.

4번: (Notice) This charity fundraising party has been canceled due to the lack of capital.

→ 해석: 이번 자선모금 파티는 자본금 부족으로 취소되었습니다.

(A) This event was relocated in the capital of Korea.

(이번 이벤트는 한국의 수도에서 열리기로 장소가 변경되었습니다.)

(B) The event was halted for a time by lack of funds.

(이번 이벤트는 자금 부족으로 잠시 중단되었습니다.)

정답: (B)

해설 capital이라는 단어가 '자금, 자본금' 등 돈을 의미하는 명사라는 것을 아는 것이 중요하다. 모른다면 파트 7 문제를 풀 때 '수도, 도시'라는 뜻으로 똑같은 단어가 나와 있는 보기 (A)를 오답으로 고를 수도 있다.

5번: (E-mail) You can come in any time before 6 P.M. to pick your car up.

→ 해석: 고객님의 자동차는 오후 6시 이전 아무 때나 오셔서 가져가실 수 있습니다.

(A) You can visit the auto repair shop during the regular business hours.

(당신은 일반적인 영업시간 내에 자동차 수리소를 방문하실 수 있습니다.)

(B) You can drop by the auto repair shop tomorrow night.

(당신은 내일 밤에 자동차 수리소를 방문하실 수 있습니다.)

정답: (A)

해설 자동차 수리소를 방문하는 시간을 시간전치사인 before를 이용하여, 오후 6시 이전으로 명확하게 지정해준 문제이다. 따라서 영업시간이 존재한다는 것을 유추할 수 있으므로 (A)가 정답이다. 문제에 있는 any time(언제든지)만 보고 시간전치사 before를 보지 못했다면, 낮과 밤 상관없이 방문이 가능한 것으로 착각하여 (B)를 오답으로 고를 수 있다.

공식09

파트7의 세부사항 문제 접근법 2: 특정 구문 및 표현 따라가기

주제 문제 말고 나머지는 어떻게 푸는 거죠? 이것도 접근법이 있나요?

1 세부사항 문제의 유형 정리 2탄

추론 형태가 아닌 일반적인 세부사항 문제들은 문제의 키워드를 따라가서 지문에서 구간 설정을 할 수 있는 문제들을 일컫는다. 제목이나 수신인/발신인 등을 제외한 나머지 고유명사나 일반명사, 날짜, 동사의 특징 등을 살려서 지문의 구간을 설정하는 일반적인 경우 이외에 특정 구문이나 표현을 따라가야 풀 수 있는 문제의 유형들을 이미 공식5에서 살펴본 바, 간단히 다시 짚고 넘어가도록 한다.

● 유형 1

주장/요구/제안/의무 동사의 특정 구문 따라가기

토익 파트 3, 4, 7에 나오는 주장동사들은 해당 동사를 찾지 말고, 특정 구문을 따라가야 하는 문제이므로 우선 시험에 나오는 주장동사들을 외워야 한다.

● 유형 2

부정어와 긍정어를 따라가는 문제

문제에 부정어와 긍정어가 있다면, 그대로 따라가지 말고, 부정어는 부정적인 단어를 지문에서, 긍정어는 긍정적인 단어를 지문에서 패러프레이징화하여 따라가야 한다.

2 예문으로 문제 적용하기

Refer to the following advertisement

DooRim Apartment Available in New City

A spacious 3 bed-rooms apartment in the new town will be ready for a new tenant as of 5 May. It is conveniently located near the subway and bus stations giving residents easily quick access to the busy street. There are various amusement parks and fine dining areas.

The unit is located on the 7th floor and has a large veranda. It is quiet and peaceful, so you can sit talking on the porch after dinner. The unit is a furnished apartment with marble flooring and contemporary kitchen appliances. The spacious underground parking lot has a ventilation system which improves air quality. You can use sports center on the second floor at a reduced price.

Tours of this apartment are possible if a request is made 3 days in advance. Rent is $2700 per month. For more information, please call us today.

02)554-3536
Doorim Real Estate Agency

1. According to the advertisement, what is one of the advantages of the units?

(A) They are less expensive.

(B) They are in close proximity to a station.

(C) They have a private parking lot.

(D) They have a parking lot on the 1st floor.

2. What are the readers advised to do for the tour?

(A) Make a reservation

(B) Send an agency an e-mail

(C) Contact an agent

(D) Visit the web site

포인트

포인트 1 문제 및 보기에 있는 주장동사나 부정/긍정어는 특정 구간을 따라가야 한다.

→ 세부사항 문제라고 해서 무조건 키워드가 그대로 지문에 나와 있는 건 아니다. 모든 문제가 숨은그림찾기처럼 되어 있다면 좋겠지만 앞장에서 공부한 문제의 세부사항이 고유명사나 시간 표현이 아니라면, 곧이곧대로 따라가는 문제는 없다고 생각해도 된다. 파트 7에서 가장 중요한 것은 맥락 파악과 구간 설정이다. 구간 설정이란 문제를 해석하고 위치를 선정하는 것이다. 그중 문제에 주장동사가 있거나 부정어/긍정어가 있는 문제라면, 특정 구간을 따라가는 문제로 먼저 인식하자.

포인트 2 특정 구문 따라가기 포인트 암기!

→ 세부사항 중 지문에 그대로 키워드가 표현되지 않는 문제 유형은 다음과 같다.

1) 주장/요구/제안/의무동사가 문제에 있는 경우: 지문에서 명령문/권유형 의문문/주장동사 등의 구간을 따라간다.

예 What does Mr. Kim ask all employees to do?

(김 씨는 모든 사원들에게 무엇을 하라고 요구하는가?)

→ 지문에서 ask라는 동사를 따라가는 것이 아니라, 명령문/의문문/주장동사가 있는 구간을 따라가서 해석한다.

2) 부정어/긍정어: 부정어 문제라면 지문에서 부정적인 표현을, 긍정어 문제라면 지문에서 긍정적인 표현 구간을 따라간다.

예 What is Mr. Kim unhappy about?

(김 씨는 무엇 때문에 불행한가?)

→ 지문에서 unhappy라는 형용사를 따라가는 것이 아니라, 부정적인 not + 동사, unfortunately, but 등 부정적인 표현의 구간을 따라가서 해석한다.

해석

신도시에 위치한 두림아파트 분양

신도시에 있는 쾌적하고 넓은 3룸 아파트가 5월 5일부터 새로운 세입자를 기다립니다. 지하철과 여러 버스정류장 근처에 편리하게 위치되어 있으며, 이것은 거주자들에게 여러 놀이공원과 고급 음식점들 등으로 가득 찬 번화가로 빠르고 쉽게 접근이 가능하도록 만들어줄 것입니다.

이번 호수는 7층에 위치해 있으며, 넓은 베란다를 갖고 있는 것이 특징입니다. 이곳은 조용하고 평화롭기 때문에, 저녁 식사 후에 베란다에 앉아 담소하실 수 있습니다. 대리석 마루와 최신 주방용품으로 채운 내부완비형태의 아파트입니다. 또한, 실내공기의 질을 향상시켜줄 수 있는 환기시스템을 갖춘 넓은 지하주차장이 있고, 할인된 가격으로 이용 가능한 스포츠센터가 2층에 있습니다.

3일 전에 예약을 하시면 견학 가능합니다. 월세는 2700달러입니다. 더 많은 정보를 원하시면 오늘 연락 주세요.

02)554-3536
Doorim 공인중개사무소

해설

DooRim Apartment Available in New City
아파트 광고라는 것을 알 수 있다.

A spacious 3 bed-rooms apartment in the new town will be ready for a **new tenant as of 5 May**. **It is conveniently located near** the
새로운 세입자의 입주 가능 날짜 언급 부동산 광고 중 가장 중요한 것 중 하나인 접근성 용이
subway and bus stations giving residents easily quick access to the busy street. There are various amusement parks and fine dining areas.

2번째 문단부터 세부적인 장점 소개. 광고지문의 특징 중 하나이다.
The unit is located on the 7th floor and has a **large veranda**. It is **quiet and peaceful**, so you can sit talking on the porch after dinner. The unit is a **furnished apartment** with marble flooring and contemporary kitchen appliances. **The spacious underground parking lot** has a ventilation system which improves air quality. You can use **sports center on the second floor at a reduced price**.

견학을 하려면 예약 필수
Tours of this apartment are possible if a request is made 3 days in advance. Rent is $2700 per month. For more information, please call
가격 정보. 월세라는 것을 알 수 있는 대목
us today.

02)554-3536
Doorim Real Estate Agency 글쓴이는 공인중개사 사무소라는 것을 알 수 있다.

맥락 파악

글을 쓴 사람: 공인중개사 사무소
글을 읽는 사람: 아파트 월세 이용고객(잠재고객)
주제: 아파트 월세 광고, 아파트 장점 소개, 예약 필수

정답과 문제 해설

1. According to the advertisement, what is one of the advantages of the units?
(A) They are less expensive.
(B) They are in close proximity to a station.
(C) They have a private parking lot.
(D) They have a parking lot on the 1st floor.

긍정어 따라가기 문제
똑같은 단어가 아닌
지문에서 긍정 표현 구간

1. 광고에 따르면 아파트의 장점 중 하나는 무엇인가?
(A) 가격이 저렴하다.
(B) 역과 가까이 위치해 있다.
(C) 개인적인 주차장을 갖고 있다.
(D) 1층에 지상주차장이 있다.
정답: (B)

해설 문제에 있는 advantage(장점, 이점)이라는 긍정어에 대해 그대로 똑같은 단어를 따라가지 말고, 지문에 위치한 긍정적인 표현 구간을 따라가는 것이 중요하다. 특히 광고 지문이라는 것이 사람들에게 자신의 제품이나 서비스가 '좋다는 것'을 어필하는 것이기 때문에, 긍정적인 표현 구간을 비교적 쉽게 찾을 수 있을 것이다. 지문에서는 초반 문단과 2번째 문단이 아파트의 장점을 소개하는 곳이다. 편리하게 위치한 부분을 강조한 첫 문단의 내용에 따라 정답은 (B)가 어울린다. proximity(접근성)이라는 단어를 알고 있었느냐가 중요한 갈림길이다. (C)는 private(개인적인) 주차장이 아니므로 오답이다. (D)는 지상 주차장이 아닌 지하 주차장이므로 오답이다. 오답을 삭제/소거하면서 정답을 찾아가는 것이 파트 7 기초 수험생들에게 가장 중요한 전략이라는 것도 기억해두자.

2. What are the readers advised to do for the tour?
(A) Make a reservation
(B) Send an agency an e-mail
(C) Contact an agent
(D) Visit the web site

2. 견학을 위해서는 무엇을 해야만 하는가?(무엇을 하도록 요구받는가?)
(A) 예약을 한다
(B) 에이전시에 이메일을 보낸다
(C) 에이전트에게 전화한다
(D) 웹사이트를 방문한다
정답: (A)

주장동사 구문 따라가기 문제
주장동사는 따라가지 말고
명령문/의문문/주장동사
구간 찾기

해설 문제에 있는 advise는 주장/요구/제안/의무 동사 중 하나로, 보통 명령문이나 요청/부탁의 권유형 의문문, 그리고 다시 주장동사들로 지문에서 표현하는 특징이 있다. 파트 7뿐 아니라 LC의 파트 3, 4에서도 자주 출제되는 문제들이다. 즉, tour라는 명사는 따라갈 수 있지만, 주장동사인 advise라는 단어를 똑같이 따라가면 안 된다. 지문 후반부(3번째 문단)에 request라는 주장동사를 보면 "이렇게 할 거라면, 이렇게 해주세요/해주실래요?/하셔야 합니다/하는 것을 추천드립니다"의 표현 구간이다. 따라서 정답은 (A)가 된다. 전화를 하라는 표현도 있기는 하지만, tour(견학)를 위한 제안은 아니므로 오답이다.

공식10

파트 7의 추론 문제 접근법 (전체 추론과 부분 추론)

추론 문제는 너무 어려워요. 이런 문제도 전략이 있나요?

1 추론 문제

추론 문제는 최근 토익 파트 7의 싱글/더블/트리플에서 가장 주를 이루는 문제 유형이라고 볼 수 있다. 특정 구문만을 보고 풀 수 있는 것이 아니므로, 세부사항 문제처럼 구간을 설정할 수 없고, 지문 전체의 맥락은 물론 세부적인 내용까지 알고 있어야 풀 수 있는 가장 높은 난이도의 문제라고 할 수 있다. 전체 추론과 부분 추론으로 구별되는 추론 문제의 유형들을 살펴보자.

2 추론 문제의 유형

추론 문제는 크게 전체 추론과 부분 추론으로 나뉜다.

● 전체 추론 문제

마지막에 풀거나 기초 수험생들의 경우 건너뛰기(스킵)도 생각해두어야 한다. 지문의 푸는 문제 중 가장 마지막에 보기에서 맞는 내용을 고르는(True 고르기) 문제로, 틀린 내용 혹은 지문에 없는 내용을 삭제/소거하며 답을 고르는 문제라는 것이 핵심 포인트! 전체 추론 문제의 유형은 앞에서도 다루었지만 다시 한 번 확인해보자.

* 전체 추론 문제의 유형

- infer(추론하다), imply(암시하다)가 들어간 문제
- mention, state, indicate(언급하다)가 들어간 문제 혹은 is suggested(추론하다)가 들어간 문제
- 위의 문제 뒤의 키워드가 세부사항이 아닌 지문의 제목, 수신인, 발신인, 주인공 등일 때 이러한 문제들을 전체 추론 문제라고 한다.

공식 10

예1 지문의 수신인/발신인 중 한명이 Mr. Cannon인 경우

What is suggested about Mr. Cannon?

(Cannon씨에 대하여 추론할 수 있는 것은 무엇인가?)

→ 전체 추론 문제로 생각하고 "마지막에 풀기"

예2 지문의 제목 혹은 주인공 키워드가 Career Fair(취업박람회)인 경우

What is indicated about the Career Fair?

(취업박람회에 관하여 언급된 것은/추론할 수 있는 것은 무엇인가?)

→ 전체 추론 문제로 생각하고 "마지막에 풀기"

● 부분 추론 문제

세부사항 문제와 크게 다를 바 없는 유형이다. 키워드를 따라가서 해석한 후 문제를 푸는 방법이나 절차는 같지만, 굳이 문제에 imply나 is suggested같은 '추론하다, 암시하다'를 표현했다면, 패러프레이징이 조금 더 심한 문제라고 생각하면 된다.

* 부분 추론 문제의 유형

- 문제에 infer(추론하다), imply(암시하다)가 들어간 문제
- 문제에 mention, state, indicate(언급하다)가 들어간 문제 혹은 is suggested(추론하다)가 들어간 문제
- 다만, 전체 추론 문제와는 달리 위의 문제 뒤의 키워드가 지문의 제목, 수신인, 발신인, 주인공 등을 제외한 일반명사 등의 단어일 때 이러한 문제들을 부분 추론 문제라고 한다.

예1 지문의 수신인/발신인/제목/주인공이 bakery section이 아닌 경우

What is stated about the bakery section?

(제과/제빵 코너에 대하여 언급된 것은 무엇인가?)

→ 지문에 해당 단어가 직접 언급된 문제이며, 이것을 부분 추론 문제라고 한다.

예2 지문의 수신인/발신인/제목/주인공이 estimate가 아닌 경우

What is implied about the estimate?

(견적서에 관하여 추론할 수 있는 것은 무엇인가?)

→ 지문에 해당 단어가 직접 언급된 문제이며, 이것을 부분 추론 문제라고 한다.

3 예문으로 풀어보기: 전체 추론

Refer to the following flyer

Rolling Theater
welcomes
London Orchestra's 8th Annual
End of The Year Concert

Dec 26-31
** Please check schedule on the back of the ticket **

Seat	Price
Basic R	$80
Premium B	$100
Premium A	$110
Platinum S	$150

Ticket is Valid for One Day Only

1. What is the flyer for?
(A) A painting event
(B) A music competition
(C) A performance
(D) A food festival

2. What is indicated about the event?
(A) It is free for local residents.
(B) It is held twice every year.
(C) It is not the first time.
(D) It is made in London.

포인트

포인트 1 전체 추론 문제는 구별이 우선이다

→ 지문이 길어질수록 추론 문제의 난이도는 올라간다. 그래서 기초 수험생들은 어떤 문제가 어려운지 먼저 구별할 수 있어야 한다. 일단, 문제 중에 infer, imply, indicate, mention, state, is suggested가 들어간 문제는 추론 문제이며, 그 뒤에 수신인/발신인/제목/주인공 등이 문제에 있다면 이런 문제가 극강 고난도의 문제인 전체 추론 문제라고 생각하면 된다.

포인트 2 전체 추론 문제는 마지막에 풀기

→ 전체 추론 문제는 맥락 파악은 물론, 나머지 지문의 세부적인 내용도 알고 있어야 풀 수 있는 문제이므로, 문항수가 많을수록 마지막에 푸는 것이 답 도출에 도움이 된다. 모든 문제를 풀고 나서, 보기를 하나씩 대조해가며 '맞는 것 고르기 + 틀린/없는 내용 삭제하기'가 핵심포인트이다.

해석

롤링 극장
환영합니다
런던 오케스트라의 8회 연례
연말 콘서트

12월 26일부터 12월 31일까지
** 정확한 일정은 티켓의 뒷면에서 확인하세요 **

좌석	가격
베이직 R	80달러
프리미엄 B	100달러
프리미엄 A	110달러
플래티넘 S	150달러

구매하신 티켓은 오직 당일 하루만 유효합니다.

해설

Rolling Theater 극장의 광고. 전단지(flyer)도 광고의 일종이다.

welcomes

London Orchestra's **8th Annual** 매년 열리며, 벌써 8회차이다.

End of The Year Concert

연말 콘서트라는 점을 알 수 있다.

Dec 26-31

** Please Check Schedule on the back of the ticket **

참고로 이것은 티켓이 아니고, 전단지이다.

Seat	Price
Basic R	$80
Premium B	$100
Premium A	$110
Platinum S	$150

좌석에 따른 가격표를 전단지에 제시했다.

Ticket is Valid for One Day Only

맥락 파악

글을 쓴 사람: 롤링 극장 관계자

글을 읽는 사람: 극장 이용 고객(잠재고객)

주제: 런던오케스트라 연말공연 일정 홍보, 가격정보 제공

정답과 문제 해설

1. What is the flyer for?
(A) A painting event
(B) A music competition
(C) A performance
(D) A food festival

맥락 파악의 주제 키워드
1번 주제형 문제

---

1. 이 전단지는 무엇을 위한 것인가?
(A) 미술 이벤트
(B) 음악 경연
(C) 공연
(D) 음식 축제
정답: (C)

해설 맥락 파악에서 런던 오케스트라의 연말 공연을 홍보하는 극장이라는 것을 알 수 있다. 오케스트라 때문에 보기에 music만 보고 (B)를 오답으로 고르지 않도록 주의한다.

2. What is indicated about the event?
(A) It is free for local residents.
(B) It is held twice every year.
(C) It is not the first time.
(D) It is made in London.

전체 추론 문제는 마지막에 풀기
보기를 하나씩 대조, 맞는 내용 고르기

---

2. 공연에 대하여 언급된 것은/추론할 수 있는 것은 무엇인가?
(A) 지역 주민들에게 무료이다.
(B) 1년에 2번 개최된다.
(C) 처음이 아니다.
(D) 런던에서 제작되었다.
정답: (C)

해설 전체 추론 문제는 맥락을 파악하고, 다른 문제들을 풀고 나서 마지막에 푸는 것이 중요하다. 보기를 하나씩 대조해나가면 (B) '1년에 2번'이나 (D) '런던에서 제작' 등과 같이 숫자 표현이나 고유명사들은 지문에서 찾아가서 대조하는 것이 어렵지 않다. 따라서 전체 추론 문제처럼 한번에 답이 보이지 않는다면, 빨리 쫓아갈 수 있는 키워드를 따라가서 보기를 하나씩 대조해보는 것이 단계별 전략이다. 8회째 열리는 콘서트이므로 정답은 (C) '이 이벤트는 처음이 아니다.'

예문으로 풀어보기: 부분 추론

Refer to the following memo

To: All employees
From: Jason Newstead, CEO of High Electronics
Subject: Employee of The Year Award

To congratulate this year's success, I'd like to accept nominations for the employee of the year awards.

- Researcher of the year
- Salesperson of the year
- Plan maker of the year

The goal of the awards is to praise employees who achieve their goals. In addition, the bonus payments and awards are essential to work more productively. If you would like to nominate your colleague, please go to the web site (www.highelectronics.com/nomination) or submit the nomination form directly to your supervisor. For a fair result, we need to receive your feedback.

It will be submitted by December 2 on upcoming Friday. Once we accept several nominations, we will announce the award winners officially. The award ceremony will be held at the headquarter with an annual party. I will notify you of the details later.

Thanks for your cooperation.

Sincerely,

Jason Newstead
CEO of High Electronics

1. What is suggested about the bonus?
(A) It will be provided to all staff.
(B) The winners will receive a paid vacation.
(C) It aims to motivate employees.
(D) It is donated by local companies.

2. What should employees do to nominate a co-worker?
(A) Attend the ceremony
(B) Click the link
(C) Contact a headquarter
(D) Introduce a new worker

포인트

포인트 1 전체 추론과 부분 추론 문제를 구별하자

→ 문제에 infer, imply, indicate, mention, state, is suggested가 들어가면 추론 문제이다. 그 뒤에 수신인/발신인/제목/주인공 등 이외의 단어가 들어가 있다면, 이건 따라갈 수 있는 세부사항 문제와 추론 문제가 합쳐진 부분 추론 문제이다.

포인트 2 부분 추론 문제는 세부사항처럼 풀기

→ 부분 추론 문제는 전체 추론 문제와는 달리 비교적 쉽게 풀 수 있는 문제이다. 세부사항처럼 따라갈 수는 있지만, 패러프레이징이 조금 심하다고 생각하면 된다. 세부사항 문제 중에서 가장 어려운 문제 정도라고 볼 수 있다. 해당 문장을 해석하고 문제를 풀 때에 아닌/틀린 내용을 삭제하는 방법이 중요한 문제이다.

해석

받는 사람: 모든 사원들
보낸 사람: High Electronics의 CEO. 제이슨 뉴스테드
제목: 올해의 사원상

이번 연도의 성공을 축하하기 위하여, 올해의 사원상 후보자들을 받고자 이렇게 글을 씁니다.

- 올해의 연구원
- 올해의 영업사원
- 올해의 기획자

이 시상식의 목적은 자신의 목적을 달성한 사원들을 칭찬하기 위한 것입니다. 뿐만 아니라, 보너스 상금과 시상은 더 생산적으로 근무하는데에 필수적인 것들입니다. 혹시 당신의 동료를 후보로 추천하고 싶으시다면, 웹사이트에 방문하거나(www.highelectronics.com/nomination), 직접 후보 추천 양식서를 작성하여 당신의 매니저에게 전달해주시기 바랍니다. 공정한 결과를 위하여, 여러분의 의견이 필요합니다.

12월 2일 다가오는 금요일까지 제출해주시기 바랍니다. 여러 후보 추천을 받고 난 이후에 수상자들을 공식적으로 발표할 예정입니다. 시상식은 연간파티와 함께 본사에서 열릴 예정이며, 자세한 사항은 추후 통지하도록 하겠습니다.

협조에 감사드립니다.

진심을 담아

제이슨 뉴스테드
High Electronics의 CEO

해설

메모는 같은 회사 사람들끼리 보낸 서신류

To: All employees 일반적으로 윗사람이 아랫사람들에게 보내는 것이 메모

From: Jason Newstead, CEO of High Electronics

Subject: Employee of The Year Award

To congratulate this year's success, **I'd like to accept nominations**

I'd like to(~하고 싶다)의 표현은 주제/목적의 표현 구간

for the employee of the year awards.

- Researcher of the year
- Salesperson of the year
- Plan maker of the year

3명의 시상 카테고리가 있다.

The goal of the awards is to praise employees who achieve their goals. In addition, the bonus payments and awards are essential

시상의 목적을 표현하는 2번째 문단

to work more productively. to work more productively. If you would like to nominate your colleague, please go to the web site (www.highelectronics.com/nomination) or submit the nomination form directly to your supervisor. For a fair result, we need to receive your feedback.

3번째 문단에서는 시상식 후보 추천의 마감기한과 시상식에 관한 정보 제공

It will be submitted by December 2 on upcoming Friday. Once we accept several nominations, we will announce the award winners officially. The award ceremony will be held at the headquarter with an annual party. I will notify you of the details later.

Thanks for your cooperation.

Sincerely,

Jason Newstead
CEO of High Electronics

맥락파악

글을 쓴 사람: 전자회사 대표

글을 읽는 사람: 전자회사 모든 직원들

주제: 성공을 축하하기 위한 올해의 사원상 후보 추천, 시상식의 목적과 정보

정답과 문제 해설

1. What is suggested about the bonus?

(A) It will be provided to all staff.

(B) The winners will receive a paid vacation.

(C) It aims to motivate employees.

(D) It is donated by local companies.

---

1. 보너스에 대하여 추론할 수 있는 것은 무엇인가?

(A) 모든 사원들에게 제공될 것이다.

(B) 수상자들은 유급휴가를 받을 것이다.

(C) 사원들에게 동기부여를 하기 위함이다.

(D) 지역 기업체들에 의하여 기부를 받고 있다.

정답: (C)

부분 추론 문제는 세부사항처럼 보기를 삭제/소거. 난이도 상

해설 부분 추론 문제는 세부사항처럼 우선 단어를 지문에서 따라가서 해석한 다음, 보기를 삭제/소거하면서 답을 골라내야 한다. 그래도 추론 문제이므로 정답을 쉽게 고를 수 있는 문제는 아니다. 패러프레이징을 대비하여 보기의 삭제/소거도 중요하지만, 지문에서 bonus 주변의 문장까지 해석하는 습관을 가져보자. 2번째 문단에서 시상의 목적과 bonus를 언급하고 있으므로, 2번째 문단의 맥락과 함께 답을 고르면 (C) '사원들에게 동기부여를 하기 위한 것'이 어울린다.

2. What should employees do to nominate a co-worker?

(A) Attend the ceremony

(B) Click the link

(C) Contact a headquarter

(D) Introduce a new worker

---

2. 사원들이 직장 동료를 추천하고 싶다면 어떻게 해야만 하는가?

(A) 시상식에 참석한다
(B) 링크를 클릭한다
(C) 본사에 연락한다
(D) 신입사원을 소개한다
정답: (B)

해설 앞장에서 공부한 세부사항 2번째 유형 문제이다. 문제에 주장동사가 있다면, 지문에서 명령문/권유형의문문/주장동사 구간을 설정해서 해당 문장의 표현만을 해석한다. 지문에서 If you would like to nominate your colleague, please go the web site (www.highelectronics.com/nomination)(당신의 동료를 추천하고 싶다면, 웹사이트에 방문하세요) 구문을 따라간다. 따라서 웹사이트에 방문하라는 내용과 같은 (B)를 답으로 고른다.

공식11

패러프레이징 강훈련 (세부사항 구간 2 및 추론 구간)

해석해도 보기와 같은 의미를 찾는 것은 너무 어렵다고!!

1 세부사항 구간 패러프레이징 연습

세부사항 문제들의 키워드, 그중 주장동사나 긍정어/부정어 문제는 키워드부터 특정 구문을 따라가야 한다. 패러프레이징이 중요한 순간이 시작된 것이다. 답을 고르는 것뿐 아니라, 이제 문제를 따라가는 첫 단추부터 어려워지기 시작하는 문제가 온다. 그러니 평상시에 조금씩 패러프레이징 훈련을 해보자.

● **다음 문장을 읽고 해석 후 비슷한 의미를 가진 보기를 골라보세요.**

1번: (Memo) Please remember that next week we will be meeting at the auditorium instead of here.

→ 해석:

(A) It is important that the location be changed.
(B) The meeting agenda should be revised by next week.

2번: (Notice) They are open to any ideas you might have on ways to improve our strategy.

→ 해석:

(A) Suggestions must be received in writing.
(B) We are welcome any constructive suggestions on how to do it.

3번: (Notice) The problem is that we only have limited budget so we need to apply for the business loan.

→ 해석:

(A) The company recovers from recession.

(B) The company suffers from a lack of funds.

4번: (Letter) Please be sure to bring your photo identification when you sign up for the annual workshop.

→ 해석:

(A) This event requires presenting a driver's license or state ID card.

(B) The event requires a deep understanding of photograph techniques.

5번: (E-mail) Please find attached files to learn about my business history.

→ 해석:

(A) An applicant enclosed a resume and related documents with e-mail.

(B) An applicant revised a file to apply for a position.

해석과 해설

1번: (Memo) Please remember that next week we will be meeting at the auditorium instead of here.

→ 해석: 다음 주 미팅은 여기 대신 대강당에서 열리게 된 점 반드시 기억해주세요.

(A) It is important that the location be changed.

(중요한 점은 미팅의 장소가 바뀐 것입니다.)

(B) The meeting agenda should be revised by next week.

(회의 안건은 반드시 다음 주까지 수정되어야 합니다.)

정답: (A)

해설 명령문의 내용은 미팅 장소의 변경이다. 아마 그것을 상기시켜주려고 글을 썼던 것 같다. 그래서인지 remind(상기시키다)라는 동사 역시 주장동사로 분류하곤 한다. 이러한 문장의 의미와 비슷한 것은 (A)이다. It is important that 구문 역시 주장/요구를 의미하는 2형식 It가주어 구문이다. that절 뒤에 should가 생략된 형태로 동사원형이 위치한 것도 답의 단서이다. 〈It is imperative/essential/necessary + that + 주어 + (should) 동사원형〉 구문으로 암기해두는 것도 좋은 방법이다.

2번: (Notice) They are open to any ideas you might have on ways to improve our strategy.

→ 해석: 우리의 전략을 향상시킬 수 있는 방안을 갖고 계시다면, 어떤 아이디어라도 말씀해주세요.

(A) Suggestions must be received in writing.

(의견들은 반드시 서면으로 제출되어야 합니다.)

(B) We are welcome any constructive suggestions on how to do it.

(우리는 그것을 실현시킬 수 있는 어떠한 건설적인 의견이라도 환영합니다.)

정답: (B)

해설 동사 improve(향상시키다)는 긍정적인 방향으로의 전환을 표현하는 의미가 있다. 따라서 회의나 제안서의 주제로 자주 출제되는 키워드이다. 어떠한 아이디어라도 환영한다는 의미의 (B)가 정답이다. (A)도 비슷한 의미를 갖고 있지만 서면 제출이라는 제한을 두고 있지는 않으므로 정답으로 볼 수 없다. 이러한 패러프레이징 연습은 파트 7의 세부사항 문제뿐 아니라, NOT(틀린 보기 고르기) 문제에도 도움이 될 것이다.

3번: **(Notice) The problem is that we only have limited budget so we need to apply for the business loan.**

→ 해석: 우리가 갖고 있는 문제점은 예산이 부족하다는 것이므로, 사업자 대출을 신청할 필요가 있습니다.

(A) The company recovers from recession.
(이 회사는 불경기로부터 회복하고 있다.)

(B) The company suffers from a lack of funds.
(이 회사는 자금난을 겪고 있다.)

정답: (B)

해설 부정어인 problem(문제점)은 concern(염려), unable to(~할 수 없다)와 함께 LC 파트 3, 4와 RC 파트 7에 자주 출제되는 문제 패턴이다. 부정적인 표현을 따라가는 문제로, 예산 부족이라는 스토리와 같은 의미의 (B)를 답으로 고른다.

4번: **(Letter) Please be sure to bring your photo identification when you sign up for the annual workshop.**

→ 해석: 연간 워크숍에 등록하실 때 반드시 사진이 부착된 ID카드를 가지고 오세요.

(A) This event requires presenting a driver's license or state ID card.
(이 이벤트는 운전면허증 혹은 주민등록증 제시를 요구하고 있습니다.)

(B) The event requires a deep understanding of photograph techniques.

(이 이벤트는 사진기술학의 깊은 이해를 요구합니다.)

정답: (A)

해설 시간/조건 부사절 접속사는 현재형이나 현재완료형으로 표현할 때, 주절에는 미래형을 쓴다. 이것을 시제일치의 예외라고 한다. 시간의 조건을 의미하는 when절에 현재형을 사용했기 때문에, 주절에는 미래형이 필요하다. 미래형 표현은 will이나 should처럼 동사의 시제를 미래로 표현할 수도 있고, 위의 문제 문장처럼 명령문으로도 표현할 수 있다. 사진이 부착된 ID카드의 제시를 요구하고 있으므로, 주장동사 require가 들어간 (A)를 정답으로 고른다.

5번: (E-mail) Please find attached files to learn about my business history.

→ 해석: 첨부해드린 파일을 보시면 저의 경력에 관하여 자세히 아실 수 있습니다.

(A) An applicant enclosed a resume and related documents with e-mail.

(지원자는 이메일로 이력서 및 관련서류들을 첨부/동봉했다.)

(B) An applicant revised a file to apply for a position.

(지원자는 회사의 지원을 위해 파일을 수정했습니다.)

정답: (A)

해설 attached(첨부된)는 서신류에서 첨부파일을 표시할 때 쓰는 형용사이다. 유의어로는 enclosed(동봉된), enveloped(봉투에 넣은), included(포함된), sent with(같이 보내진) 등이 있다. 따라서 자신의 경력을 알 수 있는 첨부파일이라면, (A)의 resume(이력서)나 cover letter(자기소개서), reference letter(추천서) 등이 어울린다.

2 추론 문제 구간 패러프레이징 연습

추론 문제가 문장의 전체적인 의미를 모두 파악하고 있어야 풀 수 있는 문제인 것은 맞다. 하지만, 보기를 하나씩 대조해가면서 삭제/소거를 하려면, 해당 문장을 정확하게 해석하고, 보기에서 이와 유사한 의미의 보기를 삭제하거나 골라야 하므로, 패러프레이징 훈련이 어느 문제보다 더 중요한 연습이 될 것이다. 그러니 평상시에 조금씩 패러프레이징 훈련을 해보자.

● 다음 문장을 읽고 해석 후 비슷한 의미를 가진 보기를 골라보세요.

1번: (Advertisement) The successful candidates are expected to take a training course during their first 3 months.

→ 해석:

(A) New employees should go through a probation period.
(B) New employees can request a transference to the main office.

2번: (Notice) It will be helpful for attendees to fill out the form by distributing this guideline booklets.

→ 해석:

(A) I will pass out the documents to you soon.
(B) I will fill in the guideline form for you shortly.

3번: (Announcement) Now that we hope to attract mainly younger consumers, advertising department has focused on customers aged 18-25 prefer styles.

→ 해석:

(A) Many people of all ages love to use our products.
(B) Many people of twenties showed interest in our products.

4번: (Article) Comco Computers has officially announced the unveiling of new prototype at the conference.

→ 해석:

(A) The company has plan to launch new items.

(B) The company recently decided to discontinue a business.

5번: (E-mail) Note that if you are planning to leave early, you must receive an approval.

→ 해석:

(A) The proposals have won the approval of the board.

(B) The early leave must be authorized in advance.

해석과 해설

1번: (Advertisement) The successful candidates are expected to take a training course during their first 3 months.

→ 해석: 최종 합격자는 처음 3개월 동안 트레이닝 코스를 받게 될 것입니다.

(A) New employees should go through a probation period.

(신입사원들은 반드시 수습기간을 거쳐야 합니다.)

(B) New employees can request a transference to the main office.

(신입사원들은 본사로의 전근 요청을 할 수 있습니다.)

정답: (A)

해설 successful candidate(최종 합격자)라는 단어보다는 뒤에 training course와 during their first 3 months(그들의 첫 3개월 기간 동안)라는 표현이 합격을 하더라도 처음 몇 개월 수습기간이 있다는 것을 암시하고 있다. 그러므로 (A)를 답으로 고르면 된다. 물론 probation(수습, 수습기간)이라는 단어를 알고 있어야 한다. 파트 7에서는 기초 VOCA는 당연히 학습한 이후여야 한다. 지금이라도 당장 단어 암기를 시작하자. 단어를 많이 알지 못하면 패러프레이징은 꿈도 꿀 수 없다.

2번: **(Notice) It will be helpful for attendees to fill out the form by distributing this guideline booklets.**

→ 해석: 참석자들에게 가이드라인 소책자를 배포함으로써 양식을 작성하는 것에 도움이 되고자 합니다.

(A) I will pass out the documents to you soon.

(제가 곧 서류들을 나눠드리도록 하겠습니다.)

(B) I will fill in the guideline form for you shortly.

(제가 곧 당신을 위해 가이드라인 양식을 작성하도록 하겠습니다.)

정답: (A)

해설 by는 '~함에 의하여'라는 뜻으로 수단이나 방법론을 말할 때 쓰이는 전치사이다. 그러다 보니 뒤에 동명사 목적어 구문을 사용하면 수단/방법을 말할 때 정확한 뜻을 전달할 수가 있다. 참석자들에게 도움이 되는 방법이 by 뒤에 있는 표현이다. 동사 distribute는 '유통하다'뿐 아니라 서류들을 '배포하다, 나눠주다'라는 뜻으로도 사용된다. 따라서 정답은 (A)이다.

3번: **(Announcement) Now that we hope to attract mainly younger consumers, advertising department has focused on customers aged 18-25 prefer styles.**

→ 해석: 우리는 어린 소비자들을 끌어들이기를 희망하기 때문에, 광고부는 18-25세 사이의 고객들이 좋아하는 스타일에 집중해오고 있습니다.

(A) Many people of all ages love to use our products.

(모든 연령대의 사람들이 우리 제품을 사용하는 것을 좋아합니다.)

(B) Many people of twenties showed interest in our products.

(20대의 많은 사람들이 우리 제품에 관심을 보여주었습니다.)

정답: (B)

해설 now that은 이유의 부사절 접속사로, 주절의 내용인 18-25세의 고객들에게 집중하는 이유를 말해주고 있다. 어린 고객들에게 어필하고자 하는 것이 회사의 목표이므로, 20대를 비롯한 어린 고객들에게 집중하는 내용인 (B)가 정답이다.

4번: (Article) Comco Computers has officially announced the unveiling of new prototype at the conference.

→ 해석: Comco Computers는 최근 회의에서 새로운 프로토타입을 공식적으로 세상에 공개했습니다.

(A) The company has plan to launch new items.

(회사는 신제품 출시 계획을 가지고 있습니다.)

(B) The company recently decided to discontinue a business.

(회사는 최근 사업을 접기로 결정했습니다.)

정답: (A)

해설 prototype이라는 단어가 외래어처럼 사용되다 보니 어떠한 스토리에 쓰이는지 몰랐을 수도 있다. '원형, 시제품'이라는 뜻을 가지고 있으며, 신제품 출시 계획을 가지고 있으면서 상품화하기 전 만든 완성 형태의 제품을 프로토타입이라고 한다. 따라서 신제품 출시 계획을 갖고 있다고 말하는 (A)가 정답이다.

5번: (E-mail) Note that if you are planning to leave early, you must receive an approval.

→ 해석: 혹시 일찍 퇴근할 계획이 있으시다면, 반드시 허가를 받아야 합니다.

(A) The proposals have won the approval of the board.

(그 제안서들은 이사진의 승인을 받았습니다.)

(B) The early leave must be authorized in advance.

(조기퇴근은 반드시 미리 승인을 받아야 합니다.)

정답: (B)

해설 조기퇴근은 미리 승인을 받아야 한다는 문제의 문장 내용과 가까운 것은 (B)이다.

공식12 # 파트 7의 주어진 문장 넣기 전략

신유형 따옴표 문제 알아?? 아니 그거 있잖아. 파트 6, 7에 나오는 그거...

1 주어진 문장 넣기

신토익에서 처음 등장하는 문제 유형인 주어진 문장 넣기는 파트 6와 7에 따옴표 문제로 나오는 신유형 문제로, 지문의 전체적인 흐름을 파악하여 알맞은 의미를 유추하여 푸는 문제이다. 지문의 흐름을 파악해야 한다는 점 때문에 다른 문제를 풀고 난 이후에 마지막에 푸는 것이 유리하다.

공식 12

● 신유형 문장 넣기 유형

예 **In which of the positions marked [1], [2], [3] and [4] does the following sentence best belong?**
"However, this is the most expensive item in the store."

● 신유형 문장 넣기 푸는 순서

1. 따옴표 문장 넣기 문제는 가장 마지막 순서로 제외시켜 놓는다.
위와 같이 생긴 문제는 마지막으로 빼놓는다.

2. 따옴표 안에 문장의 키워드 의미를 요약한다.
위의 문장의 키워드는 '가장 비싼 아이템'
→ 아마 앞뒤 내용에서 가격에 관련된 정보가 나올 가능성이 있다.

3. 따옴표 안에 지시어, 대명사, 연결어 등을 활용한다.
위의 문장의 지시어(this), 연결어(however 그러나)
→ 아마 앞의 내용에서 말하는 내용과 반전(however)을 이루게 될 가능성이 있다.

4. 답을 고르기 위해선, 지문에 앞뒤 문장의 관계에서 흐름의 단서가 중요하다. 지문의 흐름과 어울리는 상관관계를 파악하는 것이 중요하다.

2 주어진 문장 넣기 예행연습

신유형은 곧바로 예문실전으로 풀어보기에는 아직 이해가 덜 되지 않았을까 싶기도 하다. 위에서 개요와 함께 문제 푸는 순서 전략을 언급하기는 했지만, 실전으로 가기 전 예행연습을 한번 해보자.

● 문 제 1

In which of the positions marked [1], [2], [3] and [4] does the following sentence best belong?
"Instead, these clients are currently encouraged to use a free shuttle service."

앞 문장: Although this was a pay parking spot, VIP patrons continually requested a free parking pass to us.
뒤 문장: They are satisfied with our policy.

해설 (앞) Although this was a pay parking spot, VIP patrons continually requested a free parking pass to us.(이것은 유료 주차장이었음에도 불구하고, VIP고객님들은 지속적으로 무료 주차권을 요구하셨습니다.) (문제) "Instead, these clients are currently encouraged to use a free shuttle service." (대신에, 지금 이 고객님들께는 무료 셔틀 서비스를 이용하도록 제안을 드리고 있습니다.) (뒤) They are satisfied with our policy.(그들은 저희 정책에 만족하고 계십니다.)

* 별색 표시가 단서

• 지시어 활용 – these clients(이 고객님들)는 앞선 문장에서 고객님을 의미하는 단어가 나왔다는 증거이다.
• 대명사 활용 – 예를 들어, 문제의 내용 뒤에 만족한다는 동사의 주체인 인칭대

명사 they(그들)는 앞의 사람을 의미하는 단어가 나왔다는 증거이다.

• 연결어 활용 – Instead(대신에)라는 접속부사는 앞선 문장의 내용을 대신하는 반전의 내용이 이어져야 한다. 무료 주차권 대신 무료 셔틀 서비스를 제공한다는 의미이다.

● 문 제 2

In which of the positions marked [1], [2], [3] and [4] does the following sentence best belong?
"Therefore, this document should be well made for that reason."

앞 문장: All visitors to the food exposition will receive a discount voucher per head.

뒤 문장: It will be beneficial to attract potential customers to our restaurant.

해설 (앞) All visitors to the food exposition will receive a discount voucher per head.(음식 엑스포에 오시는 모든 방문객들은 1인당 한 장씩 할인 쿠폰을 받게 될 것입니다.) (문제) "Therefore, this document should be well made for that reason."(그러므로, 그러한 이유로 이 문서는 반드시 잘 만들어져야 할 것입니다.) (뒤) It will be beneficial to attract potential customers to our restaurant.(그것은 잠재고객들을 우리 음식점으로 끌어들이는 데 도움이 될 것입니다.)

＊ 별색 표시가 단서

• 지시어 활용 – this document(이 문서)라고 표현한 것은 앞선 문장에 report나 list, coupon 등 종이류로 쓰일 수 있는 단어가 언급되었다는 증거이다.

• 대명사 활용 – 뒤 문장의 it(그것)이 음식점에 고객을 끌어들이는 광고효과를 낼 수 있다는 말이므로 앞선 문장에 광고, 음식점과 관련된 어휘들이 필요함을 유추할 수 있다.

• 연결어 활용 – 문제에 있는 단어 중 therefore(그러므로)은 앞선 문장의 내용과 같은 내용 및 결과적인 표현이 나왔다는 증거이다.

3 예문으로 문제 적용하기

Refer to the following article.

Today, it seems that an electrical screen is never very far away. - [1] - As its technological capabilities develop, the smart phone is not only used for communication. However, this situation can have a negative effect on our health, especially for eye health. - [2] -

Dr. Pellalo of Brown University has been researching the sleeping patterns. His study has indicated that too much artificial light can disturb the body's signal regarding sleep. - [3] - "If you find that it takes you a long time to fall asleep, try putting away your smart phone before you go to the bed."

He recommends turning off all screens at this time as a way of turning into the natural environment. - [4] - In that case, special light-filtering glasses may be an option.

In which of the positions marked [1], [2], [3] and [4] does the following sentence best belong?

"This may be good advice, but it is not practical for many people."

(A) [1]
(B) [2]
(C) [3]
(D) [4]

해석

오늘날, 전자파 스크린은 그리 멀리 떨어져 있지 않은 곳에 항상 자리해 있습니다. - [1] - 기술이 발전하는 만큼, 스마트폰도 단순 연락 수단만으로 사용되지는 않고 있습니다. 그러나 이러한 현상이 우리의 건강에 부정적인 영향을 끼치고 있습니다. 특히 눈 건강에요. - [2] -

브라운 대학의 페랄로 박사는 수면 패턴에 대하여 연구해오고 있습니다. 그의 연구 결과에 따르면, 과한 인공적인 빛은 수면에 관한 우리 신체의 신호를 방해하는 역할을 한다고 합니다. - [3] - "잠들기까지 오랜 시간이 걸리신다면, 잠들기 전 스마트폰을 멀리해보세요"라고 그는 말합니다.

그는 동시에 이 시간대에 모든 전자파 스크린을 끄는 것이 자연스러운 상황으로 돌아올 수 있는 길이라고 추천합니다. - [4] - *이것은 좋은 제안이지만, 많은 사람들에게 실용적인 방법은 아닙니다.* 이 경우, 특별한 빛 필터링 안경이 하나의 선택이 될 수 있습니다 .

해설

Today, it seems that an electrical screen is never very far away. - [1] -
전자파에 관한 신문기사라는 것을 알 수 있다.

As its technological capabilities develop, the smart phone is not only used for communication. **However, this situation can have a**
특히 파트 7에서 however가 나오면 중요한 반전의 포인트를 주는 구간으로, 주제나 세부사항(부정어)문제로 자주 출제된다.
negative effect on our health, especially for eye health. - [2] -
전자파가 건강에 미치는 부정적 스토리

Dr. Pellalo of Brown University has been researching the sleeping
2번째 문단의 주제키워드는 수면 패턴에 관한 연구 조사 결과.
patterns. His study has indicated that too much artificial light can disturb the body's signal regarding sleep. - [3] - "If you find that it takes you a long time to fall asleep, try putting away your smart phone before you go to the bed."

마지막 문단에는 건강한 수면을 위한 충고/제안의 내용이 담겨 있다.
He recommends turning off all screens at this time as a way of turning into the natural environment. - [4] - In that case, special light-filtering glasses may be an option.

맥락 파악

글을 쓴 사람: 신문 기자

글을 읽는 사람: 신문 구독자

주제: 기술 발전에 따른 전자기기의 증가, 전자 스크린이 건강과 수면에 미치는 영향

정답과 문제 해설

In which of the positions marked [1], [2], [3] and [4] does the following sentence best belong?

"This may be good advice, but it is not practical for many people"

(A) [1]
(B) [2]
(C) [3]
(D) [4]

지문에 있는 [1], [2], [3] 그리고 [4] 부분에 다음 문장이 어울리는 곳은 어디인가?

"이것은 좋은 제안이지만, 많은 사람들에게 실용적인 방법은 아닙니다."

(A) [1]
(B) [2]
(C) [3]
(D) [4]
정답: (D)

해설 따옴표 안에 있는 지시어 It이 정답의 포인트이다. '그것은 좋은 제안이다'라는 표현에 집중하면, 앞 문장에서 advice(제안, 권유)가 언급되었다는 것이다. 지문에서 [4] 앞에 주장동사인 recommend가 있으므로, 정답은 (D)가 어울린다.

공식 12

공식13

파트 7 이메일/메모의 특징

이메일 지문만의 특징을 알고 풀면 더 쉽지 않을까?

1 이메일/메모의 특징

격식을 갖춘 상태에서 100% 업무 관련 스토리로 짜여진 서신류이다. 친구끼리의 대화가 아닌 사업/회사의 업무 관련 내용이므로, 처음 인사말과 소개 → 글을 쓴 목적/주제 → 세부사항 설명 → 제안 및 요청 → 끝인사 등 크게 5가지 순서로 전개된다. 메모(Memo)는 같은 회사 사람들끼리 주고받은 업무 관련 서신이라고 생각하면 된다.

다만 긴 지문에서는 처음 소개가 길어지는 경우도 있기 때문에, 지문 전반에 걸쳐서 주제가 제시되는 경우가 있다. 그래서 앞장에서 공부했던 것처럼 맥락 파악 시 단락이 있으면, 각 단락의 초반 스토리를 파악하는 것이 중요하다.

2 이메일/메모 맥락 파악 시 주의점

• 수신인/발신인 찾기 – 이메일 계정/주소에 단서가 나와 있다. 혹은 이메일주소로 알 수 없을 경우, 첫 문단의 주제 찾기를 통해 유추할 수도 있다. 단, 메모는 같은 회사 사원들끼리 혹은 같은 회사 윗사람이 아래 직원들에게 보내는 내용이 대부분이다. 즉, 메모의 특징은 이미 정해져 있는 경우가 대부분이다.

• 주제 키워드 찾기 – 첫 인사말이 길어지는 지문을 대비하여, 초반의 내용과 함께 각 단락의 초반(긴 지문) 혹은 결론 부분(짧은 지문)을 읽고 키워드로 요약한다.

• 이메일과 메모의 경우 글을 쓴 사람과 받는 사람의 이름이 명확하게 기입되어 있다 보니 대충 넘어가는 경우가 많다. 맥락 파악에서 수신인과 발신인의 정보를 알아낼 때 그 사람의 이름이나 회사명뿐 아니라, 소속 회사 및 하는 업무가 어떤 것인지(예: 이메일주소에 advertising.com과 같은 도메인이 있으면 광고를 하는 사람이라는 것을 알 수 있음) 그리고 둘의 관계가 어떤 것인지(예: 고객관리부에서 고객님에게)를 세부적으로 파악하면, 주제 문제는 물론 추론 문제에서 답을 찾는 것에도 많은 도움이 된다.

3 이메일/메모 지문 파악하기

To: OOO〈www.OOOOO.com〉

From: OOO〈www.OOOOO.com〉

이메일계정을 통해 수신인/발신인 정보 확인

Subject: 제목은 세부적으로 쓰지 않음

1. 첫 인사와 함께 자기소개를 먼저 시작하고, 첫 번째 문단에서 글을 쓴 목적을 언급한다. 주제나 목적을 언급하는 표현 구간에서 주제의 키워드를 찾을 수 있다.

2. 두 번째 문단에서는 세부사항이나 요청/제안을 언급하는 경우가 많다. 각 단락의 초반을 읽으면, 주제의 키워드가 더욱 확실해진다. 이메일이나 메모는 첫 문단에서 인사말 혹은 문제 제기의 배경을 설명하는 경우, 나머지 단락을 읽어야만 주제를 알 수 있는 스토리가 많다.

3. 세 번째 문단 혹은 마지막 문단이 있다면, 주로 결론과 함께 해결책을 제시하거나 제안 사항, 첨부파일 등의 참고자료를 언급하면서, 끝인사로 마무리하는 경우가 많다. 글을 쓴 사람이나 특정 업무 관련의 연락책을 언급하기도 한다.

글을 쓴 사람의 마지막 인사

● 지문 파악의 세부적인 단서 구간

1. 주제/목적 표현의 구간

- I'm writing to announce(제가 글을 쓴 이유는요)
- I'd like to/I want to announce(제가 말씀드리고 싶은 것이 있습니다)
- I'm pleased to/happy to announce(제가 말씀드리게 되어서 기쁩니다)

2. 요청/제안 표현의 구간

- Please 동사원형의 명령문(이렇게 ~해주세요)
- You are required/requested/advised to + 동사원형(~하셔야 합니다)
- I recommend/encourage (~할 것을 추천드립니다)

3. 첨부파일 표현의 구간

- attached(첨부된)/enclosed(동봉된)/enveloped(봉투에 넣어진)
- sent with(같이 보내드리는 것은)/along with
- included(포함된) + document를 의미하는 단어가 붙는다.

이메일/메모 예문으로 풀어보기

Refer to the following memo

To: Staff
From: Jinny Katon
Subject: Annual banquet
Date: December 11

Hello, everyone. I'd like to announce that our annual X-mas eve party will be postponed until further notice. Because December is the busiest season throughout the year, the auditorium reservation is very difficult. Therefore, the event will be rescheduled. The tentative date is December 23.

If you have any question or schedule conflict (December 23), please call Steve Stallon in the Personnel department at extension 244. I'll make sure you get where you're going shortly.

Sincerely

Jinny Katon
Office manager
Howlong Holdings

1. What is the main purpose of this memo?
(A) To announce a change
(B) To provide a refund
(C) To confirm a reservation
(D) To attend a banquet

2. Why should employees contact Steve Stallon?
(A) To cancel a meeting
(B) To resolve a problem
(C) To book a room
(D) To borrow a projector

해석

받는 사람: 사원들
보낸 사람: 지니 케이튼
제목: 연회
날짜: 12월 11일

다들 안녕하시죠? 다름이 아니라, 저희 크리스마스이브 파티가 추후 통지 있을 때까지 연기되었다는 점 말씀드리고자 합니다. 12월은 1년 중 가장 바쁜 시기라서 그런지, 장소 예약이 정말 어렵네요. 그래서 연회 날짜는 조정될 것이고요. 잠정적으로 12월 23일로 정했습니다.

만약 질문이 있거나 23일 일정에 문제가 있다면, 인사부의 스티브 스탤론 씨에게 연락 주세요. 내선번호 244입니다. 곧 정확하게 언제 어디로 가야 할지 공지하겠습니다.

진심을 담아

지니 케이튼
오피스 매니저
하우롱 홀딩스

공식 13

해설

Refer to the following memo 메모이므로 같은 회사에서 보낸 서신류라는 것을 알 수 있다.

To: Staff 메모는 직원 전체 혹은 복수의 직원들에게 보내는 경우가 많다.

From: Jinny Katon 메모의 보내는 사람은 회사의 윗사람 혹은 그분을 대변하는 사람들의 직책

Subject: Annual banquet

Date: December 11

Hello, everyone. I'd like to announce that our annual X-mas eve 주제 표현 구간 중 하나인 I'd like to를 통해 회사 이벤트가 연기되었음을 알리는 내용 **party will be postponed until further notice.** Because December is the busiest season throughout the year, the auditorium reservation is very difficult. Therefore, **the event will be rescheduled. The tentative** 세부적인 내용 중 이벤트의 날짜 변경과 잠정적인 일정이 표현되어 있다. **date is December 23.**

각 단락의 초반을 읽으면, 주제가 더욱 명확해진다. 제안의 내용이 첨가

If you have any question or schedule conflict (December 23), please call Steve Stallon in the Personnel department at extension 244. I'll make sure you get where you're going shortly.

Sincerely

Jinny Katon

Office manager 보낸 사람의 직책(윗사람)

Howlong Holdings

맥락 파악

글을 쓴 사람: 오피스 매니저(하우롱 홀딩스)

글을 읽는 사람: 전체 직원들(하우롱 홀딩스)

주제: 이벤트의 일정 변경

정답과 문제 해설

1. What is the main purpose of this memo?
(A) To announce a change
(B) To provide a refund
(C) To confirm a reservation
(D) To attend a banquet

---

1. 메모의 목적은 무엇인가?
(A) 변경사항을 알리기 위하여
(B) 환불을 제공하기 위하여
(C) 예약을 확인하기 위하여
(D) 연회에 참석하기 위하여
정답: (A)

해설 주제를 표현하는 초반 문단의 내용 및 맥락 파악을 통해 회사 이벤트의 일정이 변경될 수밖에 없었던 사실과 이유에 대해 서술한 지문임을 알 수 있으므로, 정답은 (A)이다. 초반 문단에 있는 예약에 관한 내용을 보고 (C)를 오답으로 고르거나(보내고 받은 사람을 파악해보면 정답이 될 수 없다.), 연회(banquet)라는 제목을 보고 (D)를 오답으로 고르는(연회가 연기되었는데 참석하려고 글을 쓰지 않았을 것이다.) 실수를 범하지 않도록 주의하자.

2. Why should employees contact Steve Stallon?
(A) To cancel a meeting
(B) To resolve a problem
(C) To book a room
(D) To borrow a projector

---

2. 왜 사원들은 스티브 스탤론에게 연락해야 하는가?
(A) 미팅을 취소하기 위하여
(B) 문제점을 해결하기 위하여
(C) 방을 예약하기 위하여
(D) 프로젝터를 빌리기 위하여
정답: (B)

해설 Should가 들어간 문제는 주장/요구/제안/의무의 구간을 따라가면 된다. "왜 해야만 하는가?"로 물어봤으니, "이러한 이유로 꼭 하셔야 합니다"라는 표현을 따라가면 된다. 일정의 문제를 해결해줄 수 있는 사람이 스티브 스탤론이라는 점을 해석했다면, 정답은 (B)임을 알 수 있다.

공식14

파트 7 광고의 특징

광고 지문만의 특징을 알고 풀면 더 쉽지 않을까?

1 광고의 특징

광고는 크게 제품/서비스 광고와 직원 공고문 등으로 나눌 수 있다. 의문문 등으로 시작하는 인사말 → 제품명이나 서비스 소개 → 제품이나 서비스의 특징/장점 → 혜택과 부가 정보 → 끝인사 등 크게 5가지 순서로 전개된다. 광고는 글을 읽는 사람이 고객이라는 공통 특징이 있다. 다만, 잠재고객(prospective client)과 현존 고객(existing client)으로 나눌 수 있다.

2 광고 맥락 파악 시 주의점

• 수신인/발신인 찾기 – 광고에서 수신인은 고객으로 정해져 있지만, 발신인은 무엇을 판매하는 곳인지 지문을 읽어가면서 찾아낼 수 있다. 특히 광고는 초반 문단에서 사람들의 이목을 집중시킬 수 있는 독특한 표현(의문문 등)을 사용하기도 한다. 도대체 무슨 일을 하고 무엇을 판매/서비스하는 곳인지, 조금 더 참고 읽어 보자.

• 주제 키워드 찾기 – 광고지문의 경우 주제는 단 하나다. 제품이라면 판매 및 신제품의 장점 소개, 그리고 서비스라면 등록 유도 및 혜택/장점 소개이다. 그래서 무엇을 판매하는 것인지만 파악하면 맥락 파악이 가장 빠른 지문 중 하나다.

● **제품/서비스 광고의 출제 포인트**

- 무엇을 판매하는 곳인지 파악
- 해당 제품과 서비스의 장점 특징 파악
- 구매/등록 시 혜택 파악

● 구인 광고의 출제 포인트

- 무엇을 하는 회사가 어떤 직종의 구인 광고를 올렸는지 파악
- 해당 직종의 직무 파악
- 해당 직종의 자격 요건 파악
- 합격했을 경우 근무지/급여 등 파악

3 광고 지문 파악하기

● 제품/서비스 광고

제목으로 판단할 수 있는 부분은 거의 없다.

1) 초반 문단에는 의문문으로 이목을 끌어온다.
이러이러한 것을 원하십니까?
혹시 이런 부분에 문제가 있으십니까? 그렇다면 여기로 오세요.

2) 두 번째 문단에서는 장점/특징을 소개한다.
우리 제품/서비스는 이러한 부분이 1등이고 제일 잘하는 곳입니다.
우리 제품/서비스만의 이러한 특징은 저희만 갖고 있는 특징입니다.

3) 그 후에는 혜택을 언급할 것이다.
빨리 등록할 시 할인 혜택, 사은품 증정 등 다양한 혜택 소개
장점/특징/혜택 소개 중에서 세부사항 문제가 출제된다.

4) 마지막으로 구매방법 소개와 함께 끝인사로 마무리

* 지문 파악의 세부적인 단서 구간

1. 이목을 끄는 소개 구간

- Are you ~? (~이십니까?)
- Do you have a problem ~? (~ 이러한 문제점을 갖고 계십니까?)
- Don't worry. Please come ~ (더 이상 걱정 말고, 여기로 오세요)

2. 장점/특징 소개 구간

- Over the 30 years (30년 동안의 역사를 자랑하는)
- Award, Prize로 수상 소개. 고객만족도 1위 등의 장점
- 기술력, 고객서비스, 애프터서비스 등 제품의 장점을 직접적으로 소개

3. 혜택 소개 구간

- Free sample, Complimentary item 등의 무료 샘플 증정
- Discount coupon, voucher, 15% off 등 할인혜택 제공
- 그 외 무료배송이나 첫 구매 고객을 위한 특별혜택 등

4. 구매방법 소개 구간

- Please visit the web site. 온라인 구매 시 웹사이트 주소 언급
- Drop by the nearest store. 오프라인 구매 시 고객과 가장 가까운 장소 언급

● 구인 광고

구인하는 직종을 언급

1) 회사와 직종을 소개

회사의 장점을 소개하면서 예비 지원자들의 이목을 집중시킨다.

2) 직종의 직무 소개

이러한 일을 할 것입니다. 해야 할 직무 나열

이곳에는 직속상관이나 멘토링에 대한 언급이 있을 때도 있다.

3) 직종의 자격요건

대학졸업, 학점, 토익점수, 경력에 관한 자격조건 언급

4) 지원방법

이력서와 자기소개서, 추천서에 대한 언급

인턴십, 연봉, 근무지에 관한 소개도 추가 언급

* 지문 파악의 세부적인 단서 구간

1. 이목을 끄는 소개 구간

- 우리 회사 is seeking ~(이러한 사람/직종을 찾고 있습니다)
- 우리 회사 is looking for ~(저희가 찾는 사람은...)

2. 직무 소개/담당 업무

- The duties라는 소제목을 달고 업무를 나열
- 최종 합격자 is responsible for ~(이러한 업무를 담당하게 될 것입니다)
- 유사한 표현으로 be is charge of + 담당업무

3. 자격 요건

- The candidate must have + 자격 요건(반드시 갖고 계셔야 합니다)
- require, request 등의 주장동사 + essential, necessary 등의 형용사로 표현
- The requirement/qualification 등으로 자격 요건 나열

4. 지원 방법

- resume(이력서), cover letter(자기소개서)를 나열하면서 application form을 설명하기도 함
- 추천서는 recommendation letter, reference letter

4 광고 예문으로 풀어보기

Refer to the following advertisement

Back to the Energetic
Mega Workout

You can have a slim waist AND healthy life!

This month's limited special

• Register for the regular membership ($150 per month)
- You can get one free session with a personal trainer.
- You can use a sauna facility at any time.
- You have access to complimentary Internet and parking lot.

• Register for the Personal package ($100 per session, 10 coupons)
- Join us this week and $100 off the regular package price.
  (10 coupons, $900)
- Choose from an aerobic, swimming, and racket ball class. Free!!
- You can use regular membership benefits.

Visit the web site at www.megafitness.com for photos or comments from our customers. Call us today and join us right now.

Mega Workout
02)838-9239

1. What kind of business is Mega Workout?

(A) A bistro

(B) A food court

(C) A gym

(D) An appliance store

2. How often are the regular membership renewed?

(A) Once a week

(B) Once a month

(C) Once every 3 months

(D) Per session

해석

다시 에너지틱하게 돌아가자!!
메가 워크아웃

당신도 날씬한 허리와 건강한 삶을 가질 수 있어요!

이번 달 한정판
• 레귤러 멤버십에 등록하세요(한 달 150달러)
- 퍼스널 트레이너와 함께 무료 1회 개인 레슨 제공
- 사우나 시설 언제든 이용 가능
- 무료 인터넷 서비스 및 주차 공간 이용 가능

• 퍼스널 패키지에 등록하세요(1회당 100달러, 10장 쿠폰)
- 이번 주에 등록하시면 레귤러 패키지 가격에서 100달러 할인해드립니다.
(10장 쿠폰 900달러에 구매 가능)
- 에어로빅, 수영, 라켓볼 수업 등을 무료로 이용 가능
- 레귤러 멤버십 혜택들도 이용 가능

웹사이트 www.megafitness.com에 방문하셔서 사진과 고객들의 후기들을 감상해보세요. 오늘 전화하셔서 등록하세요.

메가 워크아웃
02)838-9239

해설

Refer to the following advertisement 광고는 읽는 사람이 대부분 잠재고객

Back to the Energetic
Mega Workout

You can have a slim waist AND healthy life!
날씬한 허리와 건강한 삶을 서비스하는 광고로 해당 업체를 유추

혜택과 장점 소개

This month's limited special 제품 판매가 아닌 서비스 판매

• **Register for the regular membership** ($150 per month)

- You can get one free session with a **personal trainer**.
  피트니스 센터 암시
- You can use a sauna facility at any time.
- You have access to complimentary Internet and parking lot.

PT 퍼스널트레이닝을 연상

• Register for the **Personal package** ($100 per session, 10 coupons)

- Join us this week and $100 off the regular package price.
  (10 coupons, $900)
- **Choose from an aerobic, swimming, and racket ball class. Free!!**
  각종 운동 수업
- You can use regular membership benefits.

Visit the web site at www.megafitness.com for photos or comments from our customers. **Call us today and join us right now**.
등록 유도하는 것이 광고지문의 특징

Mega Workout
02)838-9239

맥락 파악

글을 쓴 사람: 체육관 담당자

글을 읽는 사람: 체육관 이용 잠재고객

주제: 등록 유도 광고 + 일반회원/PT회원 특징 장점 혜택 소개

정답과 문제 해설

1. What kind of business is Mega Workout?

(A) A bistro

(B) A food court

(C) A gym

(D) An appliance store

---

1. Mega Workout은 무엇을 하는 회사인가?

(A) 레스토랑

(B) 푸드코트

(C) 체육관

(D) 가전제품 매장

정답: (C)

공식 14

해설 맥락을 파악할 때 날씬한 허리와 건강한 라이프 + 퍼스널 트레이너, 각종 운동 수업 + 마지막에 웹사이트 주소 = 피트니스 센터라는 것을 알 수 있다. 따라서 정답은 (C)이다.

2. How often are the regular membership renewed?

(A) Once a week

(B) Once a month

(C) Once every 3 months

(D) Per session

---

2. 레귤러 멤버십은 얼마나 자주 갱신해야 하는가?

(A) 주 1회

(B) 월 1회

(C) 3개월에 한 번

(D) 수업 한 번마다
정답: (B)

해설 How ofter은 '얼마나 자주' 해당 행동을 하는지 물어보는 문제이다. 일반회원은 월 150달러로 규정짓고 있으므로, (B)가 정답이다. (D)처럼 수업 한 번에 가격을 책정하는 내용도 지문에 있지만, 그것은 일반회원이 아닌 PT회원/패키지회원의 갱신 규정이므로 오답이다.

공식15

파트 7 편지의 특징

편지 지문만의 특징을 알고 풀면 더 쉽지 않을까?

1 편지의 특징

격식을 갖춘 100% 업무 관련 스토리로, 서신류 중에서 앞장에서 공부한 이메일/메모와 함께 편지 역시 같은 부류에 속한다. 처음 인사말과 소개 → 글을 쓴 목적/주제 → 세부사항 설명 → 제안 및 요청 → 끝인사 등 크게 5가지 순서로 전개되는 것 역시 비슷하다.

다만, 최근에 우편함을 통한 편지는 이메일이나 메시지 등으로도 대체가 가능하므로, 특별한 경우가 아니라면 업무 관련 서신도 편지를 이용하지 않을 것이라는 점을 알 수 있다. 이러한 특징을 상기시켜 지문 파악에 적용한다면, 편지의 스토리는 더욱 업무 관련으로 좁혀진다는 것을 알 수 있다.

2 편지 맥락 파악 시 주의점

• 수신인/발신인 찾기 – 이메일은 이메일 주소를 통해 예측이 가능한 부분이 있고, 메모는 같은 회사라는 점이 정해져 있다. 하지만 편지는 수신/발신인의 정보가 반드시 언급되지는 않아서, 수신인/발신인을 찾는 방법으로는 레터헤드를 통한 발신인의 정보 파악 그리고 아무런 정보 없이 지문을 통해 유추하는 방법 등 크게 2가지가 있다.

• 주제 키워드 찾기 – 첫 인사말이 길어지는 지문을 대비하여, 초반의 내용과 함께 각 단락의 초반(긴 지문) 혹은 결론 부분(짧은 지문)을 읽고 키워드로 요약한다.

• 편지의 특징 중 하나가 레터헤드(Letter head)이다. 일반 A4용지에 글을 적어서 고객님이나 사업파트너에게 편지를 쓰지는 않을 것이다. 레터헤드란 편지 시작 부분에 회사의 공식적으로 회사의 로고나 이름이 프린팅된 것이다. 그 부분은 글을 쓴 사람의 소속 회사와 주소 등을 파악할 수 있는 중요한 단서이다.

3 편지 지문 파악하기

1. 이렇게 프린팅된 곳
내가 바로 레터헤드
주소 혹은 www.OOOO.com

2. 자기소개와 편지를 쓴 목적
이 부분은 이메일/메모와 같다.

3. 두 번째 문단에서는 세부사항이나 요청/제안을 언급하는 경우가 많다. 각 단락의 초반을 읽으면, 주제의 키워드가 더욱 확실해진다. 서신류의 길이가 긴 경우, 나머지 단락을 읽어야만 주제를 알 수 있는 스토리가 많다.

4. 세 번째 문단 혹은 마지막 문단이 있다면, 주로 결론과 함께 첨부파일 등의 참고자료를 언급하면서, 끝인사로 마무리하는 경우가 많다. 글을 쓴 사람이나 혹은 특정 업무 관련의 연락책을 언급하기도 한다.

글을 쓴 사람의 마지막 인사

● 지문 파악의 세부적인 단서 구간

1. 레터헤드(Letter head) 구간
- 편지 가장 상단 중앙부에 위치한 회사 이름/로고 등은 발신자의 소속을 표시
- 주로 굵은 글자 표시로 되어 있으며, 로고와 주소 등이 포함되어 있다.
- 중앙에 위치하지 않았을 경우 받는 사람의 주소로 표기

2. 주제/목적 표현의 구간
- I'm writing to announce(제가 글을 쓴 이유는요)
- I'd like to / I want to announce(제가 말씀드리고 싶은 것이 있습니다)
- I'm pleased/happy to announce(제가 말씀드리게 되어서 기쁩니다)

3. 요청/제안 표현의 구간

- Please 동사원형의 명령문(이렇게 ~해주세요)
- Would you/Could you ~?(~해주시겠습니까?)
- 주장동사: ask, advise, require, request, recommend, remind, encourage, invite, instruct, propose 등의 표현이 문제와 지문에 언급된다.

4. 첨부파일 표현의 구간

- attached(첨부된)/enclosed(동봉된)/enveloped(봉투에 넣어진), sent with(= along with. 같이 보내드립니다), accompanied(수반된) 등의 표현으로 파일을 첨부할 때 쓰이는 표현이 서신류에 자주 등장한다.

4 편지 예문으로 풀어보기

Refer to the following letter

Good Travel Magazine
232 Yojin Street, CA 73648
www.goodtravelpress.com

January 4

Ms. Maurice Greene
Greene Photo Studio
Portland, FR 397942

Dear Ms. Greene

Hello. On behalf of Good Travel Magazine, I'm pleased to announce that you agreed to work with our company. - [1] - Since our periodicals were recently popular on the market, we have been hungry for something new. As of Feb, the new version will include electronic photo articles in order to easily distribute them to international subscribers. - [2] - Much of the success was due to the big support of the staff including writers, editors and photographers. Now, I want you to be a part of it.

- [3] - The contract is attached. Please read it carefully and then sign it. I will be happy if you return it to me by upcoming Saturday. However, there will probably be some need for negotiation about your contribution fee. - [4] -

Next week, the new year's presentation will be held in the main office. Please honor us with your presence. You will receive more information regarding our future projects.

Sincerely,

Tom Pappas
Chief Editor, Good Travel Magazine.

1. Why did Tom Pappas send the letter to Ms. Greene?
(A) To terminate an agreement
(B) To inquire about a donation
(C) To contribute photographs to a magazine
(D) To explain information of a contract

2. What did Tom Pappas send with the letter?
(A) An estimate
(B) A new agreement
(C) A copy of certificates
(D) A revised agenda

3. In which of the positions marked [1], [2], [3] and [4] does the following sentence best belong?

"Especially, the articles for Asia's tourist destinations are becoming very popular in China."

(A) [1]
(B) [2]
(C) [3]
(D) [4]

해석

Good Travel 매거진

232 Yojin Street, CA 73648
www.goodtravelpress.com

1월 4일

모리스 그린
Greene Photo Studio
Portland, FR 397942

그린 씨에게

안녕하세요. 굿트래블 매거진을 대신하여, 당신과 함께 일할 수 있게 된 것을 기쁘게 생각합니다. -[1]- 우리의 정기 출간물들이 최근 인기를 끌고 나서부터, 저희는 항상 새로운 것에 목말라 있었습니다. 2월부터 해외 구독자들에게 쉽게 유통될 수 있도록, 새로운 버전은 전자 사진 기사를 포함할 것입니다. -[2]- *특히, 아시아 관광지에 대한 기사는 중국에서 큰 인기를 얻고 있습니다.* 이러한 성공의 요인으로 기고자, 편집자, 그리고 사진작가와 같은 분들의 노고가 있었기 때문이라고 생각합니다. 이제 당신이 그 일원이 되어주셨으면 좋겠습니다.

-[3]- 계약서를 첨부해드립니다. 주의 깊게 읽어주시고, 서명해주시면 됩니다. 다음 주 토요일까지 제게 주신다면 정말 기쁠 것 같습니다. 그러나 원고료에 대한 부분은 아마 협상이 조금 더 필요할 것 같습니다. -[4]-

다음 주, 신년 프레젠테이션이 본사에서 열립니다. 부디 참석해주셔서 자리를 빛내주세요. 저희의 새로운 프로젝트에 관한 많은 정보를 받아가실 수 있을 겁니다.

감사합니다.

톰 패퍼스
편집장, 굿트래블 매거진

해설

레터헤드에서 보낸 사람이 매거진회사(출판사)라는 것을 알 수 있다

Good Travel Magazine
232 Yojin Street, CA 73648
www.goodtravelpress.com

January 4 지문에 등장하는 새로운 연도, 새로운 프레젠테이션의 배경, 1월 4일 신년행사

Ms. Maurice Greene 이 부분은 레터헤드가 아니다(중앙부가 아닌 곳에 사람 이름/주소)
Greene Photo Studio 받는 사람의 주소와 하는 일 유추(사진작가)
Portland, FR 397942

Dear Ms. Greene

Hello. On behalf of Good Travel Magazine, I'm pleased to
말하고자 하는 목적을 I'm pleased to로 표현. 같이 일하게 된 것을 기쁘게 생각하는 것으로 보아, 스카웃 제의를 했던 것으로 추정된다.
announce that you agreed to work with our company. - [1] - Since our periodicals were recently popular on the market, we have been hungry for something new. As of Feb, the new version will include electronic photo articles in order to easily distribute them to international subscribers. - [2] -Much of the success was due to the big support of the staff including writers, editors and photographers. Now, I want you to be a part of it.

두 번째 문단에서는 첨부된 것이 계약서라는 것을 알 수 있다.
- [3] - **The contract is attached. Please read it carefully and then sign it.**
제안/요청하는 표현의 구간. 계약서 사인 요청
I will be happy if you return it to me by upcoming Saturday. However,
토익에서 However는 중요한 사실에 대한 체크포인트로 이 구간은 문제 출제 구간으로 보면 된다.
there will probably be some need for negotiation about your contribution fee. - [4] -

추가 정보 및 제안, 원활한 계약 성사를 위한 친근감의 표시를 하고 있다.

Next week, the new year's presentation will be held in the main office. Please honor us with your presence. You will receive more information regarding our future projects.

Sincerely,

Tom Pappas
Chief Editor, Good Travel Magazine. 글쓴이의 직책과 소속을 정확하게 알 수 있는 구간

맥락 파악

글을 쓴 사람: 톰 패퍼스(매거진 편집장)
글을 읽는 사람: 모리스 그린(사진작가)
주제: 새로운 계약(기고자 계약), 계약서 첨부 및 사인 요청, 신년행사 참가 요청

공식 15

정답과 문제 해설

1. Why did Tom Pappas send the letter to Ms. Greene?
(A) To terminate an agreement
(B) To inquire about a donation
(C) To contribute photographs to a magazine
(D) To explain information of a contract

1. 왜 톰 패퍼스는 그린 씨에게 편지를 썼는가?
(A) 계약을 종료하기 위하여
(B) 기부에 대한 질문을 하기 위하여
(C) 매거진에 실릴 사진을 기고하기 위하여
(D) 계약에 관한 정보를 설명하기 위하여
정답: (D)

해설 맥락을 파악해보면, 그린 씨가 이제 새로운 매거진 에디션에 참가할 사진작가로서의 계약을 할 것으로 보인다. 계약서 첨부 역시 그러한 사실을 뒷받침해주는 단서이다. 따라서 정답은 (D)이다. 계약서라는 단어만 보고 (A) '계약을 종료하기 위하여'를 오답으로 고르지 않도록 주의해야 한다. 또한 보내고 받는 사람의 주체를 잘못 파악하면 (C)를 오답으로 고를 수 있다. 사진을 기고할 사람은 패퍼스 씨가 아닌 편지를 받는 그린 씨이므로 (C) 역시 오답이다.

2. What did Tom Pappas send with the letter?
(A) An estimate
(B) A new agreement
(C) A copy of certificates
(D) A revised agenda

2. 패퍼스 씨가 편지에 동봉한 것은 무엇인가?
(A) 견적서
(B) 새로운 계약서
(C) 자격증 사본
(D) 수정된 회의 안건
정답: (B)

해설 첨부된 서류를 찾는 문제이다. 서신류에서는 첨부파일을 표현하는 구간이 자주 출제된다. 본

문에서는 2번째 단락의 초반에 attached(첨부된)이라는 표현에서 정답을 찾을 수 있다. 계약서를 동봉한다고 되어 있으므로, 정답은 (B)이다.

3. In which of the positions marked [1], [2], [3] and [4] does the following sentence best belong?

"Especially, the articles for Asia's tourist destinations are becoming very popular in China."

(A) [1]
(B) [2]
(C) [3]
(D) [4]

---

3. 지문에 있는 [1], [2], [3] 그리고 [4] 부분에 다음 문장이 어울리는 곳은 어디인가?

"특히, 아시아 관광지에 관한 기사들은 중국에서 큰 인기를 얻고 있습니다."

(A) [1]
(B) [2]
(C) [3]
(D) [4]
정답: (B)

해설 앞뒤 문장의 흐름을 파악해야 풀 수 있는 신유형 '문장 넣기' 문제이다. 마지막에 푸는 것이 조금 더 유리한 이유는 문맥 파악뿐 아니라, 나머지 문제들을 풀면서 이해할 수 있는 부분도 분명 존재하기 때문이다. 문제의 문장이 '아시아 지역에서의 인기와 관광지 기사'를 언급했으므로, 앞 문장에 international subscribers(해외 독자들)이라는 표현이 있고 뒤 문장에서 success(이와 같은 성공)을 표현한 [2] 구간이 답으로 어울린다.

공식16

파트 7 기사의 특징

기사 지문만의 특징을 알고 풀면 더 쉽지 않을까?

1 기사의 특징

전국적인 뉴스보다는 특정 지역에서 일어나는 행사나 장소, 해당 지역 회사들의 다양한 상황을 표현하는 지문으로, 최근에 일어난 기업 간의 인수/합병, 성공 스토리, 행사 등을 주제로 한 팩트를 전달하는 것이 바로 기사이다. 순서로는 기사의 주인공 소개 → 최근에 일어난 사실 → 과거의 상황이나 이력 소개 → 최근 일에 대한 배경과 설명 → 향후 목표 등 크게 5가지 순서로 전개된다.

너무 다양하고 세부적인 스토리 때문에 기초 수험생들이 가장 고난도 지문으로 뽑는 것이 기사이지만, 실제로 존재하지 않는 고유명사(회사명)에 너무 초점을 맞추지 않는다면, 사실 상황에 대한 정보 전달이 목적인 신문기사의 맥락과 문제풀이가 오히려 더 간단할 수 있으니 너무 어렵게 생각해 겁먹지 말자.

2 기사 맥락 파악 시 주의점

• 수신인/발신인 찾기 – 서신류는 보낸 사람과 받는 사람에 대한 정보를 찾는 것이 비교적 쉬운 편이다. 광고 역시 받는 사람이 항상 고객이다 보니 맥락을 파악하는 것이 그리 어려운 편은 아니다. 기사는 이보다 더 간단하다. 다만, 반드시 암기해두어야 할 것은 기사를 쓴 사람은 비즈니스 신문/매거진이나 비즈니스 섹션의 기자이고, 읽는 사람은 해당 신문이나 매거진을 읽는 구독자라는 점이다. 보통 기사는 글을 쓴 리포터의 이름조차 나오지 않는 경우가 많으므로, 처음부터 쓴 사람은 기자, 읽는 사람은 구독자. 그리고 비즈니스 섹션이라는 점을 기억해두자.

• 주제 키워드 찾기 – 기사의 주제는 초반 문단에 나오는 주인공(회사명이나 사람 이름)이 무엇을 하는 사람인지를 찾아내고, 주제 스토리를 요약하는 것에 초점을 맞춘다. 사실 전달이 목적이다 보니 첫 문단에서 주인공과 함께 그들의 상황이나 스토리를 직접 언급하는 것이 특징이다.

• 기사의 특징 중 하나가 각 단락의 특징이 주제보다는 주인공의 이력이나 과거 상황을 나열하면서 설명하는 것이다. 따라서 맥락 파악 시에는 초반 문단에서 모든 것을 찾아내는 것에 주력하고, 각 단락은 대략적으로 빠르게 읽는 것이 포인트이다.

· 기사를 쓴 사람? 기자
· 기사를 읽는 사람? 구독자
· 주제 키워드? 주인공과 스토리 제목 파악

3 기사 지문 파악하기

1) 신문기사의 제목
보통 제목만으로는 내용 파악이 힘들뿐더러, 제목조차 없는 기사가 많다.

여기서부터 본문 시작
2) 실제 존재하지 않는 주인공의 이름
회사명, 사람 이름. 그들이 대체 뭘 하는 기업/사람인지 알아내야 한다.
기사에서 말하고자 하는 주제가 직접 언급된다.

3) 주인공의 과거 이력
시작을 어떻게 했는지, 처음에는 어떠했는지 나타난다.

4) 주인공의 현재 상황
지금은 얼마나 성공했는지, 지금은 어떤 상황 때문에 이러한 프로젝트를 진행하는지 등이 나타난다.

5) 향후 목표 예상
기업은 항상 이익 창출이 목표이다.

● 지문 파악의 세부적인 단서 구간

1. 제목
- Business section임을 나타내는 제목: 인수/합병, 이전, 성공 등
- Business news, 아무런 것도 예상할 수 없는 대략적인 제목도 출제
- 제목조차 없이 글 쓴 리포터의 이름만 언급되는 경우도 존재

2. 초반 문단(가장 중요한 구간)
- 기사의 주인공과 주제 모두 초반 문단에 언급
- 초반 문단에 제시되는 회사명/사람 이름을 주목, 전공이 무엇인지 파악
- 초반 문단에 주인공의 상황 파악, 이것이 곧 기사의 주제이자 제목

3. 과거 이력

- 처음 시작이나 과거를 언급하며, 지금의 상황을 설명하기 위한 도구로 사용
- Grew up, 태어나고 자라난 곳을 언급하며 특정인에 대한 과거 소개
- Graduated, Started, Joined로 특정인의 전공이나 해당 분야의 첫 시작지점 소개

4. 현재 상황

- 현재 성공/실패/변화의 이유를 언급
- 주제와 가장 밀접한 부분이면서, 세부적인 주제의 스토리를 언급하는 경우가 많음

5. 향후 목표

- 기사 지문에서는 해당 주인공의 앞으로의 목표나 계획을 나타낸다.
- 문제 중 plan to do? intend to do? (~할 계획인가?) 문제의 구간으로 출제된다.

기사 예문으로 풀어보기

Refer to the following article

COZ Foods is becoming

Vacuum-packed foods company COZ Foods announced today morning that it is acquiring Adol Catering, one of the largest catering company. COZ's CEO Amy Brunson said that "due to the acquisition of Adol, we expect to dominate a domestic food market."

Since Coz was founded 30 years ago by Ms. Brunson, it has enjoyed a renaissance. The company is widely known for vacuum–packed food items. Customers who purchased them from COZ can keep products for a long time. Before long, its new style of food items gave occasion to sensation throughout the nation.

COZ can expect to immediately improve domestic sales in the nation from the synergy created by this acquisition.

1. What is the topic of the article?
(A) The mergers and acquisitions
(B) The sales strategy
(C) The opening of a factory
(D) The art exhibition

2. What kind of business is COZ?
(A) A delivery company
(B) A food processing company
(C) A fitness center
(D) A restaurant

해석

COZ푸드사는 점점...

진공포장 음식전문업체인 COZ푸드는 오늘 아침 가장 큰 출장외식업체 중 하나인 Adol사를 인수할 것이라고 밝혔다. COZ의 대표인 에이미 브런슨 씨는 "Adol의 인수 때문에, 우리는 국내의 음식업계를 지배하게 될 것으로 기대합니다."라고 밝혔다.

30년 전 브런슨 씨에 의해 설립된 COZ는 전성기를 구가해왔다. 진공포장 전문업체로 유명한 COZ는 고객들이 음식을 좀 더 오랜 시간 동안 보관할 수 있도록 도움을 주었다. 머지않아 이러한 새로운 스타일의 아이템은 전국에 걸쳐서 돌풍을 일으켰다.

COZ는 이번 인수합병으로 인해 국내에서 즉각적인 판매 개선을 기대할 수 있게 되었다.

해설

COZ Foods is becoming
주인공이 음식업체라는 것을 알 수 있는 대목. 음식점 혹은 음식 관련 회사를 알아내야 한다.

Vacuum-packed foods company COZ Foods announced today
음식 가공(진공포장) 업체가 주인공
morning that it is acquiring Adol Catering, one of the largest catering
다른 회사 인수합병 스토리
company. COZ's CEO Amy Brunson said that "due to the acquisition of Adol, we expect to dominate a domestic food market."

Since Coz was founded 30 years ago by Ms. Brunson, it has enjoyed
주인공 회사의 소개와 과거 이력을 말하면서. 현재의 성공이나 스토리의 이유를 말하는 구간
a renaissance. The company is widely known for vacuum-packed food items. Customers who purchased them from COZ can keep products for a long time. Before long, its new style of food items gave occasion to sensation throughout the nation.

COZ can expect to immediately improve domestic sales in the
인수 합병으로 인한 기대. 기사문은 향후 계획이나 미래를 설명하면서 마무리
nation from the synergy created by this acquisition.

맥락 파악

글을 쓴 사람: 신문 기자(비지니스 섹션)
글을 읽는 사람: 신문 구독자(비지니스 섹션)
주제: 음식업체의 인수 합병. 그로 인한 기대.

정답과 문제 해설

1. What is the topic of the article?
(A) The mergers and acquisitions
(B) The sales strategy
(C) The opening of a factory
(D) The art exhibition

---

1. 기사의 주제는 무엇인가?
(A) 인수 합병
(B) 영업 전략
(C) 공장의 개업
(D) 미술 전시
정답: (A)

해설 기사의 주제는 비교적 쉽게 파악할 수 있다. 맥락을 파악할 때, 주인공이 누구인지와 그 주인공의 무슨 사건/스토리를 말하는지 초반 문단에 팩트로 표현하기 때문이다. 초반부터 인수/합병을 말하고 있으므로 정답은 (A)이다. 2개의 회사 이름을 언급하여, merge with(합병하다), acquire(인수하다 = purchase)로 표현한다는 것도 알아두자.

2. What kind of business is COZ?
(A) A delivery company
(B) A food processing company
(C) A fitness center
(D) A restaurant

---

2. COZ는 무엇을 하는 회사인가?
(A) 배달 회사
(B) 음식 가공 업체
(C) 체육관
(D) 음식점
정답: (B)

해설 맥락을 파악하면 주인공을 찾아서 답이 같이 나오는 문제 유형이라고 할 수 있다. 음식을 다루는 것 때문에 (D)를 조심한다면, 충분히 음식 가공 업체를 말하는 (B)로 답을 고를 수 있다.

공식17

파트 7 기타 지문(웹페이지 포함)의 특징

웹페이지와 같은 기타 지문만의 특징을 알고 풀면 더 쉽지 않을까?

1 기타 지문(웹페이지 포함)의 특징

양식이나 웹페이지 또는 그 외 기타 지문들은 문단 수나 글자 수가 많지 않아 짧은 것들이 많고 비교적 쉽게 접근해서 문제를 풀 수 있다. 돈이나 날짜, 주문량 등 단편 정보를 나열하여 제3자의 입장에서 맥락을 파악해야 하는 지문으로, 지문에 있는 사람의 이름이나 숫자, 소속 회사 등 간단 정보들을 알아내고 그 정보들을 이용하여 보낸 사람과 받는 사람 등을 유추해야 하는 것이 포인트이다. 특별한 순서나 양식이 정해져 있지 않다.

기초 수험생들은 이러한 지문들을 마주할 때, 이메일, 편지 등과 같이 수신/발신인의 정보가 정확하게 언급되어 있지 않기 때문에 맥락 파악에 어려움을 겪는 경우들이 많다. 맥락 파악이 제대로 되지 않으면 아무리 짧은 지문이라도 오답의 함정에 빠지는 경우가 많다. 그러니 유추하여 맥락을 파악하는 연습을 많이 해야 한다.

2 기타 지문(웹페이지 포함) 맥락 파악 시 주의점

• 수신인/발신인 찾기 – 기타 지문에서는 수신인과 발신인의 정확한 관계를 따지는 것이 중요하다. 지문에 있는 이름과 회사 정보는 물론, 날짜, 수량 등 기타 정보들을 합쳐 연관성을 찾는 것이 핵심이다. 예를 들어, 주문서나 주문 후 영수증이 있다면 누가 주문하고 무엇을 결제했는지 등이 수신/발신인의 직업을 유추할 수 있는 단서가 된다.

• 주제 키워드 찾기 – 원래 맥락 파악의 주제 키워드 찾기는 번역하듯 모든 문단을 꼼꼼하게 해석하는 것이 아니라 대략적으로 지문을 읽으면서 핵심에 해당하는 단어들을 조합하는 것이 방법이다. 제3자의 입장이 아닌, 자신이 직접 해당 지문을 받았다는 가정하에 스스로가 주인공이 되어보자. 때로는 보낸 사람이 되어보고, 받는 사람도 되어보자. 좀 더 쉽게 접근이 가능할 것이다.

• 맥락 파악에서 수신인과 발신인의 관계가 매우 다양한 것이 특징

예1 설문조사(Survey) – 보낸 사람: 고객 / 받는 사람: 설문지를 작성한 회사, 상점

예2 웹페이지 – 글쓴이: 회사, 상점 / 읽는 사람: 잠재고객(웹사이트 방문객)

예3 영수증 – 보낸 사람: 상점, 판매자 / 받는 사람: 이용고객

예4 주문서 – 보낸 사람: 이용고객 / 받는 사람: 상점, 판매자

예5 전단지 – 광고 지문과 동일. 보낸 사람: 상점, 판매자 / 받는 사람: 잠재고객

3 기타 지문 파악하기 1

Invoice

1) 회사명
그리고 주소와 전화번호
→ 어디에서 만든 송장(영수증)인지 알 수 있음(발신인)

2) 주문 날짜와 배송 날짜
받는 사람의 주소와 기타 정보
→ 고객이라는 것을 알 수 있는 정보(수신인)

3) 주문 내역
주문 물품과 수량, 그리고 가격
→ 이것을 통해 발신인의 직업과 수신인의 직업을 알 수 있다.

4) 그 외 정보
→ 배송 기간과 카드 정보(할부, 거래 내역, 할인 정보 등)

● 지문 파악의 세부적인 단서 구간

1. 회사명
- 송장이나 영수증 지문의 상단에 있는 회사명은 발신자 정보이다.
- 회사 이름을 통해 판매자의 사업 정보(물품의 종류) 등을 파악 가능
- 공급업체(supplier)로서 대량물품을 판매하는 경우가 많음

2. 주문 날짜, 배송 날짜, 주소
- 송장이나 영수증 지문에서는 수신인 정보이다.
- 회사 이름을 통해 수신인의 사업 정보를 파악 가능한 부분이다.
- 주문 날짜와 배송 날짜를 구별하는 문제가 자주 출제

3. 주문 내역

- 가장 중요한 포인트, 수신/발신인의 직업을 유추할 수 있는 구간
- 수량과 물품의 종류 가격 등의 정보를 제공
- 무조건 문제로 출제되는 구간이다.

4. 그 외 정보

- 영수증 등의 지문은 기존에 이미 작성된 하나의 큰 틀이 있는 document이므로 판매자의 정보나 간단한 인사말이 언급되기도 한다.

4 기타 지문 파악하기 2

Web page

1) 회사명
→ www.OOOOO.com으로 표기(회사의 업무를 파악할 수 있는 대목)

2) 카테고리
연혁/판매상품/Q&A/고객서비스 등의 카테고리
→ 어디를 클릭했는지에 따라 지문의 주제 스토리를 결정한다.

3) 일반적으로 회사 연혁을 소개하는 지문이 많음
회사의 역사, 연도별 특징과 장점 등을 언급

● 지문 파악의 세부적인 단서 구간

1. 회사명
- 방문한 웹사이트의 주소 및 간단한 소개 언급
- 웹사이트의 주소를 이용하여 업체의 종류를 대략적 판단 가능

2. 카테고리
- 클릭한 카테고리를 의미한다.
- 여러 가지의 카테고리가 웹사이트에 존재하므로, 볼드(Bold) 처리된 부분을 클릭했다고 생각하면 된다.

3. 회사연혁 소개
- 일반적으로 웹사이트의 문제는 회사연혁 소개 지문이 많음
- About us라는 카테고리로 시작하여 회사를 설명
- 회사의 설립연도와 연도별 성장 스토리를 짧게 언급
- 회사의 경영 이념 등을 설명

5 기타 지문 예문으로 풀어보기 1

Refer to the following receipt

Real Repair Shop
-East ST. Avenue 2423
Bill

Ronald Cavin   Date of Service: Jun 22

Service	Detail	Charge
Oil Change	German Premium Oil Service	$45
Heater Check	Cleaning and inspection	$20
Replace parts	2 wheels	$130
Regular check	Maintenance	$90

New customer discount coupon –$20
Total $265

For more information, call 938-578-2398 or visit www.realrepair.com.

1. What type of business does Real Repair Shop work for?
(A) A mechanic service
(B) A business consulting service
(C) A gas station
(D) A theater

2. What coupon did Mr. Cavin most likely use?
(A) Oil change
(B) Heater inspection
(C) Replace parts
(D) Regular check

해석

리얼 리페어 숍
-East ST. Avenue 2423
영수증

로날드 케빈. 서비스 날짜: 6월 22일

서비스	세부사항	요금
오일 교체	독일 최고급 오일 서비스	45달러
난방 점검	청소 및 검진	20달러
부품 교체	2개 바퀴 교체	130달러
정기 점검	유지 보수	90달러

신규 고객 할인 쿠폰 -20달러
총 265달러

더 많은 정보를 원하시면, 938-578-2398 으로 전화를 주시거나 웹사이트를 방문해주세요. www.realrepair.com

해설

Real Repair Shop
수리센터. 하지만 제목만 보고 어떤 수리를 하는지 알 수 없다

-East ST. Avenue 2423

Bill
영수증. 어떤 서비스를 이용했는지 세부적인 정보 점검 필요

Ronald Cavin **Date of Service: Jun 22**
서비스 날짜

서비스의 내용을 보면, 자동차 수리/점검 업체인 것을 알 수 있다.

Service	Detail	Charge
Oil Change	German Premium Oil Service	$45
Heater Check	Cleaning and inspection	**$20** 쿠폰 사용
Replace parts	2 wheels	$130
Regular check	Maintenance	$90

New customer discount coupon –$20
위에서 20달러인 것을 찾으면, 어떤 서비스에 쿠폰을 사용했는지 알 수 있다
(토탈 금액과 비교 필요)

Total $265

For more information, call 938-578-2398 or visit www.realrepair.com.

맥락 파악

글을 쓴 사람: (보낸 사람) 자동차 수리/점검 업체. Real Repair Shop

글을 읽는 사람: 자동차 수리/점검 업체 이용고객

주제: 서비스 요금 영수증 및 할인쿠폰 사용내역

정답과 문제 해설

1. What type of business does Real Repair Shop work for?
(A) A mechanic service
(B) A business consulting service
(C) A gas station
(D) A theater

1. 리얼 리페어 숍은 어떠한 종류의 사업을 하는가?
(A) 자동차 수리 서비스
(B) 경영 컨설팅 서비스
(C) 주유소
(D) 극장
정답: (A)

해설 맥락 파악을 통해 자동차 수리/점검 업체라는 것을 알 수 있다. 제목이나 회사명만 보고는 알 수 없고, 오일 교체나 자동차 바퀴 교체 등 세부적인 내용(서비스 내역)을 보고 유추할 수 있는 문제이다.

2. What coupon did Mr. Cavin most likely use?
(A) Oil change
(B) Heater inspection
(C) Replace parts
(D) Regular check

2. 케빈 씨는 어떤 쿠폰을 사용했는가?
(A) 오일 교체
(B) 난방 점검
(C) 부품 교체
(D) 정기 점검
정답: (B)

해설 원래 총 금액은 285달러여야 하지만, 할인쿠폰 20달러를 적용하여, 총 서비스 금액이 바뀐 것을 알 수 있다. 따라서 서비스 요금에서 20달러인 부분을 찾아가면 쉽게 답을 고를 수 있다. 따라서 할인쿠폰의 금액인 20달러가 적용된 정답은 (B) '난방 점검'이다.

6 기타 지문 예문으로 풀어보기 2

Refer to the following WEB PAGE

www.sweettaster.com

Sweet Taster

Home Products Order **Reviews**

Associated with Customer Reviews, click on this link to share display Customer opinions for YOU!!!

I frequently buy these desserts for someone's anniversary party. Well, I remember my husband saying, "I love it. It's so delicious!" when I purchased a mini cake for his birthday a few weeks ago. In addition, the part-time workers there were very kind. I would recommend Sweet Taster to everyone. * **Gray Torman (23 Aug)**

Sweet Taster is one of the best store in Toronto I've ever tasted. Its desserts taste as if they were picked from the hotel chef. It is so delicious that I can't stop eating haha. I highly recommend you to go to this store and pick up anything. * **Micheal Freeman (1 Aug)**

1. What is indicated about Sweet Taster?
(A) They will be renovated through August.
(B) They are the largest store in Toronto.
(C) They solicit clients to submit testimonials.
(D) They have plans to expand into Asia market.

2. In the web-page, the word "picked" in paragraph 2, line 2, is closest in meaning to?
(A) borrowed
(B) continued
(C) bought
(D) included

해석

Sweet Taster

회사연혁 제품 주문 **후기**

고객 후기 모음입니다. 여기를 클릭하시면, 여러 고객님들의 의견을 보실 수 있으며, 당신의 선택에 도움이 될 것입니다.

저는 다른 사람의 기념일 파티를 위해 자주 디저트를 구매하는 편입니다. 몇 주 전, 남편의 생일파티를 위해 작은 케이크를 샀을 때, 남편이 그러더군요. "이거 너무 좋아. 어쩜 이렇게 맛있지?" 그때 그 말이 기억나네요. 뿐만 아니라, 아르바이트 학생도 너무 친절합니다. 정말 모두에게 추천하고 싶은 곳이에요.
*** 그레이 토먼 (8월 23일)**

Sweet Taster는 토론토에 있는 케이크 가게 중 그 어떤 곳보다 맛있는 곳이라고 생각합니다. 마치 호텔 셰프가 만든 맛이라고나 할까요? 너무 맛있어서 먹는 것을 멈출 수가 없을 정도입니다 하하. 한번 방문해보세요. 아무거나 골라도 맛있을 거예요. *** 마이클 프리먼 (8월 1일)**

해설

www.sweettaster.com

Sweet Taster

업체명과 웹사이트 주소를 통해 무엇을 판매하는지 유추 가능

Home　　Products　　Order　　**Reviews**

Associated with Customer Reviews, click on this link to share

여러 가지의 카테고리 중 고객이 클릭한 곳은 "고객 후기" - 고객 후기 모음이 있는 링크라는 것을 알 수 있다

display Customer opinions for YOU!!!

I frequently buy these desserts for someone's **anniversary party**. Well, I remember my husband saying, "I love it. It's so delicious!" when I purchased a **mini cake for his birthday** a few weeks ago. In addition,

고객 후기의 한 부분을 살펴보면, 생일이나 기념일에 어울리는 케이크를 구매했다는 것을 알 수 있다. 따라서 이 업체는 Bakery 혹은 제과/쿠키 전문점 정도로 유추할 수 있다.

the part-time workers there were very kind. **I would recommend**

추천하겠다는 고객의 긍정적 후기

Sweet Taster to everyone.

*** Gray Torman (23 Aug)**

Sweet Taster is one of the best store in **Toronto** I've ever tasted. Its

토론토에 위치한 판매상이라는 것을 알 수 있다.

desserts taste as if they were picked from the hotel chef. It is so delicious that I can't stop eating haha. I highly recommend you to go to this store and **pick up anything**.

맛있는 제품이 여러 가지라는 것을 유추할 수 있다.

*** Micheal Freeman (1 Aug)**

맥락 파악

글을 쓴 사람: 제과업체 관리자(홈페이지 관리자)

글을 읽는 사람: 해당 제과업체 구매에 관심 있는 잠재고객

주제: 고객 후기. 잠재고객들을 끌어들이기 위한 후기

정답과 문제 해설

1. What is indicated about Sweet Taster?
(A) They will be renovated through August.
(B) They are the largest store in Toronto.
(C) They solicit clients to submit testimonials.
(D) They have plans to expand into Asia market.

---

1. Sweet Taster에 대하여 추론할 수 있는 것은 무엇인가?
(A) 8월에 보수공사를 할 것이다.
(B) 토론토에서 가장 큰 판매상이다.
(C) 고객들이 추천글을 써주기를 요청했다.
(D) 아시아 시장으로의 진출을 모색 중이다.
정답: (C)

해설 indicate, mention, state 등이 들어간 문제는 추론 문제이다. 특히 주인공이나 수신인/발신인에 대하여 언급한 것을 묻는 문제들은 추론 문제 중에서도 전체 추론 문제로 분류한다. 전체 추론 문제는 맞는 보기(true)를 고르는 문제로 마지막에 풀고, 난이도가 높기 때문에 주로 삭제/소거를 통해 답을 고르는 것이 특징이다. 보기를 보면, (A)에 8월이라는 시간 표현은 지문에 언급되어 있지만, 보수공사를 한다는 내용은 언급되어 있지 않으므로 오답이다. (B)는 토론토에 위치한 상점은 맞지만, 가장 큰 상점이라는 언급은 없으므로 오답이다. (D)는 언급조차 되지 않았던 표현이다. (C) 역시 고객들에게 부탁했다고 보기에는 조금 무리가 있을 수 있지만, 웹사이트에 고객 후기란이 있는 것을 보면, 구매 고객들에게 부탁을 하는 상황이 4개의 보기 중에서 가장 정답에 근접한 설명이다. 이처럼 전체 추론 문제는 삭제/소거를 할 때, 틀린 내용 혹은 언급되지 않은 내용의 보기들을 삭제해가면서 정답을 고르는 문제이다. 따라서 정답은 (C)이다.

2. In the web-page, the word "picked" in paragraph 2, line 2, is closest in meaning to?
(A) borrowed
(B) continued
(C) bought
(D) included

2. 웹페이지 2번째 문단, 2번째 줄에 있는 "picked"와 가장 유사한 의미를 가진 단어는 무엇인가?
(A) 빌리다
(B) 이어가다
(C) 구매하다
(D) 포함하다
정답: (C)

해설 싱글보다는 더블/트리플 지문에서 자주 출제되는 비슷한 의미의 단어 고르기 문제이다. 가장 조심해야 할 점은 따옴표 안에 있는 단어와 단순히 비슷한 의미의 보기를 고르는 것이 아니라, 지문에 언급되어 있는 해당 단어의 의미를 앞뒤 문맥을 통해 파악하고 비슷한 단어를 보기에서 골라야 한다는 것이다. 즉, 지문을 따라간 뒤 그 문장을 해석해서 푸는 문제라는 점을 기억해두자. 지문을 따라가보면, I highly recommend you to go to this store and pick up anything. (한 번 꼭 가보세요. 그리고 아무거나 고르셔도 맛있습니다.)라고 말하고 있으므로, '구매하다'의 (C)가 정답이다

공식18 파트 7 채팅 지문의 특징

채팅 지문만의 특징을 알고 풀면 더 쉽지 않을까?

1 채팅 지문의 특징

문자메시지나 카톡과 같은 채팅창 지문은 간략한 2문제짜리 짧은 지문과 4문제짜리 비교적 긴 지문 등 2개의 지문이 출제된다. 파트 7에서는 유일하게 구어체 문장이 사용되는 지문이며, 화자가 2명이 아닌 파트 3의 3자 대화문처럼 3명 혹은 그 이상이 대화를 하는 지문도 있다.

4문제짜리 긴 지문이라도 채팅 지문은 비교적 쉬운 유형에 속한다. 하지만 의도 파악 문제와 전체 추론 문제 등 대화의 흐름을 파악하지 못하면 문제풀이 시간이 길어질 수도 있으니 유의해야 한다.

2 채팅 지문의 맥락 파악 시 주의점

• 수신인/발신인 찾기 – 채팅 지문은 식사나 여행 등의 일반적인 대화를 할 것 같지만, 토익에서는 사무실 내에서 일어나는 업무 관련 스토리가 100퍼센트라고 생각하면 된다. 따라서 같은 사무실 사람들이 셋 이상 대화에 참여했다고 생각하고 이들이 하는 일의 종류와 세부적인 업무를 파악하는 것이 중요하다.

• 주제 키워드 찾기 – 채팅 지문은 의도를 파악하는 문제와 추론 문제가 반드시 출제되는 지문이므로 대화의 흐름을 제대로 파악하는 것이 가장 중요하다. 일반적으로 짧은 지문 및 긴 지문 모두 6~8번 대화로 주고받기 때문에, 3번 대화까지 읽으면서 이들이 하는 일이 무엇인지, 세부적인 업무 관련 스토리는 무엇인지를 파악하는 것에 초점을 둔다.

3 채팅 지문 파악하기

처음부터 대화를 시작

1) 사람 이름 1 (시간: 예 09:38)

→ 처음 대화에서 세부적인 업무 스토리 및 그들이 하는 일을 파악할 수 있다.

2) 사람 이름 2 (시간: 예 09:45)

→ 두 번째 혹은 세 번째 대화에서 주고받은 대화가 주제 스토리

3) 사람 이름 3 (시간: 예 09:55)

→ 같은 사무실에서 일하는 여러 사람들이 대화에 참여하는 경우가 많다. 구어체 중에서도 채팅 대화이다 보니 중의적인 표현이나 상황에 따라 다양하게 해석될 수 있는 표현들이 중간중간 언급된다.

4 채팅 지문 예문으로 풀어보기

Refer to the following message chain.

Chris Banner (09:33):	Hey, Ken. Will you be attending annual marketing seminar in Chicago next Tuesday?
Ken Williams (09:39):	Yes, I will. You too? When is your team expected to arrive?
Chris Banner (09:41):	I am. Maybe, next Monday? .... but we just received the related documents including agendas, but I'm not sure how to distribute them to you.
Ken Williams (09:42):	Big deal.... Will you put down my e-mail address?
Chris Banner (09:44):	Okay, I need you to tell me right now.
Debbie Moore (09:45):	Probably the old version of our address book is outdated. Many have changed. Please click here, "Link." It is an updated version.
Chris Banner (09:47):	Alright, sounds good! Thank you.

1. For which type of business do the writers work?
(A) A medical center
(B) A marketing firm
(C) A landscaping company
(D) An educational facility

2. At 09:42, what does Ken Williams imply when he writes, "Big deal"?
(A) It is not a problem.
(B) It is the most necessary factor in the marketing industry.
(C) It is available on day of issue only.
(D) It is almost done.

해석

Chris Banner (09:33):	안녕 켄. 혹시 다음 주 화요일 시카고에서 열리는 연간 마케팅 세미나에 참석하세요?
Ken Williams (09:39):	네. 그럴 거예요. 당신도 참석해요? 당신의 팀은 언제 도착 예정이세요?
Chris Banner (09:41):	네. 아마 다음 월요일쯤? 그런데 안건들을 포함하여 관련 서류들을 방금 받았는데요. 당신에게 전달할 수 있는 방법이 없네요.
Ken Williams (09:42):	그게 무슨 문제라고... 이메일 주소 받아 적으실래요?
Chris Banner (09:44):	네. 지금 바로 알려주세요.
Debbie Moore (09:45):	아마도 예전 주소록은 너무 오류가 많을 거예요. 바뀐 것이 많거든요. 여기 클릭하세요. 업데이트 버전이랍니다.
Chris Banner (09:47):	오, 좋네요. 감사합니다.

해설

총 3명이 참여한 대화창. 3번 대화까지 읽으면, 같은 회사 사람들이라는 것과 업무 관련 스토리라는 것이 특징임을 알 수 있다.

Chris Banner (09:33): Hey, Ken. Will you be **attending annual marketing seminar in Chicago** next Tuesday?

마케팅 세미나를 위한 출장인 것을 보아 이들은 마케팅 업무를 하는 업체라는 것을 알 수 있다.

Ken Williams (09:39): Yes, I will. You too? When is your team expected to arrive?

Chris Banner (09:41): I am. Maybe, next Monday? .... but **we just received the related documents including agendas, but I'm not sure how to distribute** them to you.

세미나 관련 서류들을 전달하기 위한 내용

Ken Williams (09:42): Big deal.... Will you put down my e-mail address?

Chris Banner (09:44): Okay, I need you to tell me right now.

Debbie Moore (09:45): Probably the old version of our address book is outdated. Many have changed. Please click here, "Link." It is an updated version.

Chris Banner (09:47): Alright, sounds good! Thank you.

맥락 파악

글을 쓴 사람: 마케팅 업체

주제: 마케팅 세미나 참여. 관련 서류 전달 및 주소록 업데이트

정답과 문제 해설

1. For which type of business do the writers work?
(A) A medical center
(B) A marketing firm
(C) A landscaping company
(D) An educational facility

---

1. 글쓴이들은 어떠한 종류에 업무를 하는 사람들인 것 같은가?
(A) 의료 센터
(B) 마케팅 회사
(C) 조경 업체
(D) 교육 기관
정답: (B)

해설 채팅창 지문은 3번 대화 정도까지 읽으면서 무슨 일을 하는지와 업무 관련 스토리를 파악하는 것이 맥락 파악의 핵심이다. 마케팅 세미나 참석이 주된 주제이므로, 마케팅 관련 업무를 하는 업체라는 것을 알 수 있다. 따라서 정답은 (B)이다.

2. At 09:42, what does Ken Williams imply when he writes, “Big deal”?
(A) It is not a problem.
(B) It is the most necessary factor in the marketing industry.
(C) It is available on day of issue only.
(D) It is almost done.

---

2. 오전 9시 42분에 켄 윌리암스가 말한 “Big Deal”이라는 말이 암시하는 것은 무엇인가?
(A) 그것은 문제가 아니다.
(B) 그것은 마케팅 분야에서 가장 중요한 요소이다.
(C) 그것은 발행 당일에 한하여 이용 가능한 것이다.
(D) 그것은 거의 끝이 났다.
정답: (A)

해설 따옴표 안에 있는 구어체 문장의 답을 맞히는 의도 파악/추론 문제이다. 해당 단어나 문장만을 보고 답을 고르는 것이 아니라, 앞 사람의 대화의 의미와 지문 맥락을 파악해야 풀 수 있다.

앞 문장에서 관련 서류를 발송할 수 있는 구체적인 방법을 묻자, 이메일 주소를 언급하는 다음 대화를 읽어보면 정답이 (A)임을 알 수 있다.

파트 7 더블 지문의 전략적 접근

더블 지문은 전략이 없을까? 5분 안에 풀어야 한다던데?

1 더블 지문의 특징

더블 지문은 2개의 연계 지문과 5문제가 하나의 세트이다. 이러한 세트가 총 2개가 나온다. 176-185번 구간이다. 연계 지문이라 함은 A지문과 B지문이 연관성이 있다는 의미이다. 예를 들어 A지문이 이메일이라면 B지문이 답장이거나, A지문이 편지였다면 B지문이 편지 A지문에 포함된 첨부파일인 경우를 말한다.

모든 문제가 2개의 지문을 왔다 갔다 하며 푸는 문제는 아니라는 것도 중요하다. 각각의 지문만을 보고 풀 수 있는 단일 문제와 2개 지문의 흐름과 연관성을 파악하여 풀 수 있는 추론 문제 등이 있다. 이번 공식19에서는 5분 완주와 3문제 이상을 맞힐 수 있는 기초 탈출 전략을 설명할 것이다.

2 더블 지문의 기초 전략

● 목표

1. 풀 수 없는 문제 1~2개 걸러내기

풀 수 없는 문제란?: 더블 지문의 5문제를 기초 수험생들이 5분 안에 완주하는 것은 사실상 불가능에 가깝다. 하지만 그렇다고 연계 지문을 항상 풀지 못하면 기초의 벽(RC 300점)을 넘지 못하고, 저득점에 그치는 경우가 많다. 자신의 목표점수가 우선 700점이라면, RC 300~350점은 반드시 필요하다. 이때 파트 7 연계 지문이 발목을 잡는다면, 풀 수 없는 문제를 걸러내고, 풀 수 있는 문제만 골라내어 최대한 5분 안에 완주하는 것을 목표로 한다. 어쨌든 끝까지 가기!

*** 풀 수 없는 문제의 종류**

1) 더블 지문의 전체 추론: 더블 지문에서 전체 추론은 한 지문 추론이 아닌 2개의 지문을 통틀어서 추론할 수 있는 문제로, 가장 고난도의 문제로 분류된다.

전제조건: Mr. Holmes가 Farming Solution 회사에 지원한 상황
서로 주고받은 편지/이메일 연계 지문.

예1 What is indicated about Mr. Holmes?
(Holmes에 관하여 언급된 것은 무엇인가?)

예2 What is suggested about Farming Solution?
(Farming solution에 관하여 추론할 수 있는 것은 무엇인가?)

→ 문제에 있는 indicate와 is suggested는 추론 문제이고, Holmes와 Farming solution은 각각 글을 쓴 사람/소속 회사이므로 직접 지문을 따라가는 세부사항 문제가 아니다. 연계 지문에서 이와 같은 전체 추론 문제는 지문 2개를 모두 파악하여 추론하는 문제로, 시간도 오래 걸리고 답을 맞히기도 어려운 문제이다. 5문제 중 1~2문제는 이와 같은 문제로 출제된다. 기초 수험생들의 경우 걸러내는 문제 1순위이다.

2) 더블 지문의 most likely: 더블 지문에서 most likely는 가능성이 높은 정답을 고르는 문제로 전체 2개 지문에서 추론하는 문제는 아니지만, A와 B지문을 서

로 번갈아가며 단서를 찾아야 하는 문제이다. 주로 하나의 지문에 양식(도표)이 있거나, 4개를 나열한 구문이 있을 때 나오는 문제로, 스킵보다는 후순위 문제이다.

전제조건: A지문 광고에 4개의 수업 항목을 나열한 경우(Basic, Inter, Premium, Platinum). B지문의 이메일을 쓴 사람이 Mr. Kim

예 Which lecture will Mr. Kim most likely register for?
(김 씨는 어떠한 수업에 등록할 것 같은가?)

(A) Basic
(B) Inter
(C) Premium
(D) Platinum

→ 문제에 있는 most likely는 2개의 지문을 놓고 단서를 찾아야 하는 문제이다. 보기에 있는 항목이 A지문 나열의 내용이고, 문제의 주어인 Mr. Kim은 B지문의 발신인인 상황이다. 이 경우, 나열된 반대편 지문(B지문) 즉, 문제의 주어가 글쓴이인 지문에서 단서를 찾아서 A지문의 나열된 도표나 양식에서 단서와 매칭하는 문제이다. 이렇게 2개 지문을 보고 단서를 찾는 문제는 문제에 most likely가 대부분 표기되어 있다. 2개 지문 전체의 내용을 파악해야 하는 문제이기 때문에 처음부터 풀어내기는 어렵다. 스킵보다는 후순위로 빼두자.

2. 풀 수 있는 문제 3~4개 골라내기
풀 수 있는 문제란?: 위에서 공부한 걸러내기 문제들을 제외하면, 각각의 지문만을 보고 풀 수 있는 문제들이 남는다. 파트 7의 싱글화 전략이다. 주제 문제와 세부사항 문제, 그리고 단어 문제 등이 있다.

*** 풀 수 있는 문제의 종류**

1) 더블 지문의 주제 문제: 주제 문제가 더블 지문에서 나온다면, A지문의 주제 문제는 1번에, B지문의 주제 문제는 3번이나 4번에 위치하게 된다. 5문제의 더블 지문 문제 중 한 문제 정도는 A 혹은 B지문의 주제 문제로 출제된다.

전제조건: A, B지문이 모두 이메일

예1 What is the purpose of the e-mail?
(이메일의 목적은 무엇인가?)

예2 **What is the purpose of the second e-mail?**

(두 번째 이메일의 목적은 무엇인가?)

2) 그 외: 주제 문제를 포함하여 풀 수 있는 문제를 3문제 정도 골라내어 맞힐 수 만 있다면 기초 탈출에 탄력을 받을 것이다. 세부사항 문제들 중에서 문제의 주어를 2개의 지문 중 글을 쓴 사람(혹은 주인공)에 초점을 맞추어 따라가면 된다.

전제조건: A지문이 이메일(쓴 사람: Mr. David), B지문이 광고(쓴 사람: TGAP)

예1 **What does Mr. David need by end of the month?**

(David 씨는 이번 달 말까지 무엇을 마쳐야 하는가?)

→ 추론 문제나 most likely가 아니므로 A지문에서 end of the month를 따라간다.

예2 **In the advertisement, the word "critical" in paragraph 3, line 3, is closest in meaning to?**

(광고 지문에서 3번째 문단, 3번째 줄 "critical"과 가장 비슷한 의미는 무엇인가?)

→ B지문에서 특정 문단과 줄을 따라가서 해당 문장을 해석하며 "critical"의 의미를 보기와 비교한다.

예3 **What does Mr. David recommend TGAP to do?**

(David 씨는 TGAP에게 무엇을 요구하고 있는가?)

→ 문제에 A, B지문 글쓴이가 모두 나올 때에는 주어를 지문의 쓴 사람과 비교하여 해당지문을 따라간다. A지문의 발신인이 데이비드이고 문제의 주어가 데이비드이기 때문에 A지문에서 명령문/권유형의문문/주장동사 등을 따라가면 된다.

3 더블 지문 유형 파악하기

1) A지문 이메일

쓴 사람: Mr. Kim(여행사)
받는 사람: Ms. Lee(고객)
제목: 여행 패키지 소개

2) 초반에 고객을 대상으로 하는 여행사의 홍보문구와 함께,
고객을 끌어들이기 위한 표현을 작성

3) 패키지 소개

패키지	가격
A	100달러
B	150달러
C	200달러
D	300달러

1-1) B지문 이메일

쓴 사람: Ms. Lee(고객)
받는 사람: Mr. Kim(여행사)
제목: 답장 혹은 구매

<u>4) 구매를 원하는 고객의 답장</u>

3-1) 패키지 하나 중 가격을 언급하며, 원하는 것을 언급(예: 가장 비싼 것을 선호)
→ 답: A지문에서 가장 비싼 300달러 D패키지

1) 과 1-1) 더블 지문의 수신인/발신인 파악

→ 문제의 주어는 2개 지문 중 쓴 사람과 일치시켜 따라간다.

예 **What is purpose of Mr. Kim's e-mail?**

(김 씨의 이메일의 목적은 무엇인가?)

→ 주어는 Mr. Kim이고 A지문을 쓴 사람도 Mr. Kim이다. 즉, Mr. Kim이 작성한 A지문을 따라간다.

2) A지문 세부사항 문제

→ 문제의 주어와 지문의 쓴 사람 일치 + 세부사항 키워드 = 더블 지문 세부사항 문제

예 **What does Mr. Kim ask Ms. Lee to do?**

(김 씨는 이 씨에게 무엇을 요구하는가?)

→ 주어는 Mr. Kim으로 A지문을 쓴 사람과 동일하다. A지문에서 명령문/의문문/주장동사 구문을 따라가면 된다.

3)과 3-1) 도표(양식) 문제, 연계성 문제

→ 지문에 도표가 나와서 4개의 항목을 나열하면, 반대편 지문에서 단서 찾기

① 지문 도표의 내용이 문제 보기의 내용과 같은 문제(most likely)

② 도표 반대편 지문에서 단서 찾기(문제 키워드)

③ 단서를 찾고 난 후 다시 도표 지문으로 가서 답을 고른다.

예 **Which package will Ms. Lee most likely choose?**

(이 씨는 어떠한 패키지를 선택할 것 같은가?)

→ 패키지 도표는 A지문에 있다. 그런데 문제의 주어는 Ms. lee이므로 B지문에 가서 단서를 찾아야 한다.

예를 들어 B지문에서 가장 비싼 것을 원한다고 말했다면, A지문 도표에서 이를 찾아서 가장 비싼 300달러짜리인 패키지 D를 선택한다.

4) B지문의 주제 문제

→ B지문의 주제 문제 역시 답으로 출제되기도 한다.

예1 What is the purpose of the second e-mail?

(2번째 이메일의 목적은 무엇인가?)

예2 What is the main topic of Ms. Lee's e-mail?

(이 씨의 이메일의 주제는 무엇인가?)

5) 스킵의 1순위 추론 문제

→ 추론 문제는 동사 infer/imply/indicate/mention/state/is suggested 등

→ 추론하다/암시하다 동사 + 수신인/발신인/주인공/제목 = 전체 추론 문제

예1 What is indicated about Ms. Lee?

(이 씨에 대하여 언급된 것은 무엇인가?)

→ Ms. Lee는 B지문을 쓴 사람이다. indicate는 추론/암시문제 동사이므로, 스킵하거나 후순위로 미뤄둔다.

예2 What is suggested about 여행사 이름**?**

(여행사에 대하여 추론할 수 있는 것은 무엇인가?)

→ 여행사 이름은 A지문을 쓴 사람의 소속사이다. is suggested는 추론/암시문제 동사이므로, 스킵하거나 후순위로 미뤄둔다.

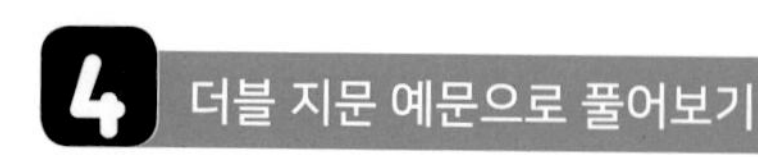

Refer to the following e-mail and information.

TO: Dr. Prinston<prinston@katonuniversity.org>
FROM: Mayweather<mayweather@clearmedical.org>
SUBJECT: Keynote speaking

Dear Dr. Prinston

Thank you for agreeing to speak at Clear Medical Center's re-opening day on June 3. Based on the number of registrations, we hope the celebration to attract more than 300 people who want to learn about the recent healthy lifestyle.

As we discussed, you will be replacing Dr. Levernoe, one of the most notable nutritionists, who had to attend his urgent meeting unexpectedly. Your knowledge and specialty as a dietitian will be a welcome addition to our event.

Sincerely,

Mayweather, Director of Marketing Department
Clear Medical Center

Clear Medical Center's re-opening day
Friday, June 3
Koyotte Building, Conference Room A

8:50-9:50 A.M.
Introduction, Dr. Button
Clear Medical Center's staff will discuss the well-being life in their office and cafeteria's menus. Dr.Button will also share ideas for work-life balance.

10:00-10:50 A.M.
A Simple Workout, Dr.Kevin Dwalof
Kevin Dwalof, One of the famous bestsellers and researchers, will briefly summarize his current portfolio regarding simple exercises in the morning.

11:00-11:30 A.M.
Refreshment and Eat Light, Dr.Levrone

11:30-12:00 A.M.
Life Meal, Dr.Carolline
Dr.Carolline will demonstrate how to prepare nutritious dishes and then offer recipe for you.

12:00-?
Physicians' Panel and lunch
Participating physicians answer your health-related questions.
Lunch.

1. Why was e-mail sent to Dr. Prinston?
(A) To complain about the technical issue.
(B) To provide him with detailed information for the publication.
(C) To confirm his attendance in an event.
(D) To request a summary of a speech.

2. What is indicated about the event?
(A) It provides tips regarding healthy meals.
(B) It raises funds for a scholarship.
(C) It is being held in a different city.
(D) It is canceled for a safety concern.

3. When will Dr. Prinston most likely begin his presentation?
(A) At 8:50 A.M.
(B) At 10:00 A.M.
(C) At 11:00 A.M.
(D) At 11:30 A.M.

4. Who has been honored for one's writing?
(A) Dr. Button
(B) Dr. Dwalof
(C) Dr. Prinston
(D) Dr. Carolline

5. What will happen at noon?
(A) A meal set will be distributed to attendees.
(B) A performance will be given.
(C) A group of physicians will complete a survey.
(D) Tours of the center will end.

해석

받는 사람: 프린스턴 박사 <prinston@katonuniversity.org>
보내는 사람: 메이웨더 <mayweather@clearmedical.org>
제목: 연사

프린스턴 박사에게

우선 6월 3일 Clear Medical Center의 리오픈 행사에서 연설을 허락해주신 점 감사드립니다. 등록 상황을 고려해볼 때, 300명이상 사람들이 최신 건강한 라이프스타일에 대하여 배우고자 참여할 것 같습니다.

저희가 얘기했듯이, 유명 영양학자이신 레브론 박사님이 얘기치 못한 미팅 스케쥴로 참석하시지 못하는 바람에 불참하게 되셨습니다. 그 자리에 프린스턴 박사님께서 연설을 하시게 될 것입니다. 박사님의 영양학자로서의 지식과 특별함이 저희 행사에 상당한 도움이 될 것으로 믿습니다.

진심을 담아서.

메이웨더. 마케팅 디렉터
Clear Medical Center

Clear Medical Center 리오픈 데이
금요일 6월 3일
코요태 빌딩. 컨퍼런스 룸 A

8:50-9:50 AM
Introduction, Button 박사
Clear Medical Center의 직원들은 사무실과 구내식당 메뉴에서의 웰빙한 생활에 대하여 논의하게 될 것입니다. 버튼 박사님은 특히 일과 생활의 균형에 대하여 자신만의 아이디어를 공유할 예정입니다.

10:00-10:50 AM
간단한 운동, Kevin Dwalof 박사
유명 베스트 셀러 저자이자 연구가인 Kevin Dwalof 박사님은 오전에 할 수 있는 간단한 운동법을 담은 자신의 포트폴리오를 소개할 예정입니다.

11:00-11:30 AM
다과 그리고 간단한 식사법, Levrone박사

11:30-12:00 AM
라이프 식사, Carolline 박사
Carolline 박사는 영양을 듬뿍 담은 식사를 조리하는 법과 레시피를 제공할 예정입니다.

12:00-?
의사들의 질의응답과 점심
의사들이 직접 건강 관련 질문들에 질의응답을 할 예정이며, 점심식사가 제공됩니다.

해설

TO: Dr. Prinston <prinston@katonuniversity.org>
FROM: Mayweather<mayweather@clearmedical.org>
SUBJECT: Keynote speaking
편지의 제목이 1번 문제의 주제와 연결

Dear Dr. Prinston

Thank you for agreeing to speak at Clear Medical Center's re-opening day on June 3. 연설을 허락한 상대방에게 감사의 뜻과 함께 세부 정보를 얘기하고 있다. Based on the number of registrations, we hope the celebration to attract more than 300 people who want to learn about the recent healthy lifestyle. As we discussed, you will be replacing Dr. Levernoe, one of the most notable nutritionists, 레브론 박사의 연설을 대신 맡게 된 프린스턴 박사. 해당 이벤트의 연설을 허락한 프린스턴 박사에게 확인 이메일을 보낸 주제라는 것을 알 수 있다. who had to attend his urgent meeting unexpectedly. Your knowledge and specialty as a dietitian will be a welcome addition to our event.

Sincerely,

Mayweather, Director of Marketing Department
Clear Medical Center

Clear Medical Center's re-opening day
Friday, June 3
Koyotte Building, Conference Room A

8:50-9:50 A.M.
Introduction, Dr. Button

Clear Medical Center's staff will discuss the well-being life in their office and cafeteria's menues. 2번 문제. 이벤트의 주제들을 살펴보면 healthy meal에 관련된 연설이 주를 이룬다는 것을 알 수 있다. Dr.Button will also share ideas for work-life balance.

10:00-10:50 A.M.
A Simple Workout, Dr. Kevin Dwalof
Kevin Dwalof, **One of the famous best-seller and researchers,** 4번 문제의 답 구간. 지문에서 저자를 의미하는 문장은 이 구간이 유일하다. will briefly summarize his current portfolio regarding simple exercises in the morning.

11:00-11:30 A.M.
Refreshment and Eat Light, Dr. Levrone
이벤트의 주제(3번 문제 답의 근거). 레브론 박사의 부재로 인하여 프린스턴박사가 대신 연설할 시간. 11시.

11:30-12:00 A.M.
Life Meal, Dr. Carolline
Dr. Carolline will demonstrate how to prepare nutritious dishes and then offer recipe for you.

12:00-?
Physicians' Panel and lunch
Participating physicians answer your health-related questions.
Lunch.
12시 이후에 일어날 일로 알맞은 것은 질의응답과 점심 제공. 5번 문제의 답 구간.

A지문 맥락 파악

글을 쓴 사람: 센터 마케팅 관리자
글을 읽는 사람: 영양학자
주제: 병원 행사에서의 연사 부탁, 수락을 감사

정답과 문제 해설

1. Why was e-mail sent to Dr. Prinston?
(A) To complain about the technical issue.
(B) To provide him with detailed information for the publication.
(C) To confirm his attendance in an event.
(D) To request a summary of a speech.

1. 프린스턴씨에게 이메일을 쓴 목적은 무엇인가?
(A) 기술적인 문제점에 대해 불평하기 위하여.
(B) 출판에 관련된 세부 정보를 알려주기 위하여.
(C) 이벤트의 참석을 확인하기 위하여.
(D) 연설의 요약본을 요청하기 위하여.
정답: (C)

해설 프린스턴 박사가 주어가 아닌 목적어에 위치한 문제로. A지문의 주제 문제이다. A지문의 해석 및 맥락 파악을 하면 풀 수 있는 문제이다.

2. What is indicated about the event?
(A) It provides tips regarding healthy meals.
(B) It raises funds for a scholarship.
(C) It is being held in a different city.
(D) It is canceled for a safety concern.

2. 이벤트에 대하여 추론할 수 있는 것은 무엇인가?
(A) 건강한 식사에 대한 정보를 제공한다.
(B) 장학금을 위하여 돈을 모금한다.
(C) 다른 도시에서 개최될 예정이다.
(D) 안전상의 이유로 취소되었다.
정답: (A)

해설 B지문 전체에서 주제를 살펴보면 대부분의 연설 주제는 건강한 음식에 관한 스토리임을 알 수 있다. 전체추론 문제이므로 마지막에 풀거나, 스킵(건너뛰기)도 준비하자. 전체추론 문제는 보기를 하나씩 대조하여, 틀린 내용을 삭제하고, 맞는 내용을 답으로 고르는 TRUE 문제이다. 따라서 정답은 (A)이다.

3. When will Dr. Prinston most likely begin his presentation?
(A) At 8:50 A.M.
(B) At 10:00 A.M.
(C) At 11:00 A.M.
(D) At 11:30 A.M.

3. 프린스턴 박사는 언제 연설하게 될 것인가?
(A) 오전 8시 50분
(B) 오전 10시
(C) 오전 11시
(D) 오전 11시 30분
정답: (C)

해설 most likely는 2개의 지문을 보고 연계하여 푸는 문제임을 암시한다. 일반적으로 B지문의 도표처럼 4개 이상의 항목을 나열한 지문이 있을 때 출제되는 문제이다.
1단계: B지문에 도표의 내용이 문제 보기의 내용과 같은 3번 문제는 무조건 도표 반대편 지문에서 단서를 찾는다.
2단계: 문제의 주어는 프린스턴, 키워드는 프레젠테이션이다. 물론 주어는 아니지만 서신류는 A지문이 유일하므로 A지문에서 프레젠테이션이라는 부분을 따라간다.
3단계: A지문에서 레브론 박사와 프린스턴 박사가 대체되었음을 알리는 대목이 답의 포인트이다.
4단계: 지문에서 도표를 찾아가서 레브론을 단서로 찾아가서 매칭시킨다. 답은 오전 11시인 (C)가 정답이다.

4. Who has been honored for one's writing?
(A) Dr.Button
(B) Dr.Dwalof
(C) Dr.Prinston
(D) Dr.Carolline

4. 출판으로 인하여 칭찬을 받게 된 사람은 누구인가?
(A) Button 박사
(B) Dwalof 박사
(C) Prinston 박사
(D) Caroline 박사

정답: (B)

해설 문제는 추론 문제가 아니므로 세부사항으로 따라갈 수 있는 문제이다. B지문에서 writing으로 생각할 수 있는 document를 언급한 유일한 사람은 (B) Dwalof 박사이다.

5. What will happen at noon?
(A) A meal set will be distributed to attendees.
(B) A performance will be given.
(C) A group of physicians will complete a survey.
(D) Tours of the center will end

---

5. 정오에는 무슨 일이 일어나는가?
(A) 점심 식사가 참가자들에게 제공될 것이다.
(B) 공연이 있을 예정이다.
(C) 의사들이 설문조사를 완료할 것이다.
(D) 센터의 견학이 끝난다.
정답: (A)

해설 B지문에서 정오 시작 부분을 따라가면 쉽게 풀 수 있는 문제이다. 추론 문제나 연계 문제(most likely)가 아닌 이상, 더블 지문에서 5번 문제가 세부사항 문제라면 끝 지문(B지문) 후반 부분을 따라가면 답의 단서를 찾을 수 있다.

공식20 # 파트 7 트리플 지문의 전략적 접근

대체 지문 3개를 연계해서 푼다는 게 말이 된다고 생각하니?

1 트리플 지문의 특징

트리플 지문은 3개의 연계 지문과 5문제가 하나의 세트이다. 이러한 세트가 총 3개가 나온다. 더블 지문이 끝나는 바로 다음 186–200번 구간이다. 삼중 지문, 트리플 연계 지문은 A지문과 B지문뿐 아니라 하나의 지문이 더(C지문) 출제되어 서로 연관성이 있다는 것이다. 예를 들어 A지문이 이메일이라면 B지문이 답장이고, C지문은 답장에서 언급된 첨부파일인 경우를 말한다.

모든 문제가 서로 연계성을 가진 추론성 문제는 아니다. 각각의 지문만을 보고 풀 수 있는 단일 문제와 2개 혹은 3개 지문의 흐름과 연관성을 파악하여 풀 수 있는 추론 문제 등으로 나눌 수 있다. 공식20에서는 각각의 트리플 지문을 5분 안에 완주하는 방법과 3문제 이상을 맞힐 수 있는 기초 탈출 전략을 설명할 것이다.

2 트리플 지문의 기초 전략

● **목표**

1. 풀 수 없는 문제 1~2개 걸러내기

풀 수 없는 문제란?: 트리플 지문을 완주하기 위해서는 풀 수 있는 문제만 골라내어 접근하는 전략이 필요하다. 기초 수험생들이 700점을 우선적으로 넘기는 것을 목표로 삼을 때 파트 7의 연계 지문을 어떻게 접근하는 것이 가장 좋을지 3가지만 기억하자.

첫 번째는 5분에 한 지문씩 끝내기, 무조건 완주하기

두 번째는 5분 안에 풀 수 있는 문제 3개를 골라내어 무조건 맞히기

세 번째는 5분 안에 풀 수 없는 문제 2개를 걸러내어 스킵, 혹은 후순위로 풀기

* 풀 수 없는 문제의 종류

1) 트리플 지문의 전체 추론: 트리플 지문에서 전체 추론은 한 지문에서 추론하는 것이 아닌 2개 혹은 3개의 지문을 통해서 추론/암시하는 문제로, 가장 고난도 문제로 분류된다.

전제조건
A지문: Donington 씨가 Top office supplies에 사무용 비품을 주문한 이메일
B지문: Top office supplies가 Donington 씨에게 보낸 주문확인 이메일(답장)
C지문: Top office supplies가 Donington 씨에게 보낸 영수증

예1 What is implied about e-mails?
(2개의 이메일을 통해 암시할 수 있는 것은 무엇인가?)

예2 What is suggested about Top office supplies?
(Top office supplies에 관하여 추론할 수 있는 것은 무엇인가?)
→ 문제에 있는 imply와 is suggested는 추론 문제이고, 문제에 언급된 e-mails와 Top office supplies는 세부사항 키워드가 아니다. 전제조건을 보면, 3개의 지문 중 2개가 이메일이고, 또 주고받은 사람 중에 Top office supplies가 있기 때문에, 위 2 문제는 전체 추론 문제이다. 트리플 지문에서 이와 같은 전체 추론 문제는 지문 2개 혹은 3개 모두를 파악하여 추론/암시하는 문제로, 해결 시간도 오래 걸리고 가장 고난도 문제이다. 5문제 중 2문제는 이와 같은 문제로 출제된다. 기초 수험생들의 경우 절대로 순서대로 풀면 안 되는 문제로, 스킵 혹은 후순위 문제로 분류한다.

단, 1번 문제가 A지문 추론 문제인 경우, 연계성 추론 문제가 아닌 A지문의 초반 문단을 보고 풀 수 있는 비교적 쉬운 추론 문제로 분류된다는 점도 알아두자. 트리플 지문에서는 1번 문제가 A지문의 단독 추론 문제로 자주 출제된다.

예3 What is stated about Donington?
(Donington씨에 대하여 언급된 것은 무엇인가?)
→ 물론 문제 자체는 전체 추론 문제가 맞지만, 전제조건을 살펴보면 A지문의 글쓴이가 Donington이라는 것을 알 수 있다. 트리플 지문의 경우, 1번 문제가 A지문 전체 추론 문제인 경우 비교적 쉽게 접근할 수 있는 문제이다.

2) 트리플 지문의 most likely: 연계 지문에서 most likely 문제는 3개 지문을 통해 추론하는 문제는 아니지만, 서로 번갈아가며 단서를 찾아야 하는 문제이다. 트리플 지문에서는 양식(도표) 문제가 자주 출제되기 때문에, 이와 같은 문제를 해결할 수 있는 방법을 익혀두는 게 중요하다(공식19 참조). 주로 하나의 지문에서 양식(도표)이 있거나, 4개를 나열한 구문이 있을 때 나오는 문제로, 스킵보다는 후순위 문제이다.

전제조건: 도표(양식)이 있는 경우
A지문: 여행패키지 4개가 (A, B, C, D) 나열된 여행사의 광고 지문
B지문: Bolton 씨가 여행사에 보낸 구매 이메일
C지문: 여행사가 Bolton 씨에게 보낸 답장 이메일

예 Which package will Mr. Bolton most likely purchase?
(볼튼 씨는 어떤 여행패키지를 구매할 것으로 보이는가?)

(A) A package
(B) B package
(C) C package
(D) D package

→ 문제에 most likely가 있고, 3개의 지문 중에서 도표(양식)가 있다면, 3개의 지문을 놓고 서로 단서를 찾아야 하는 문제이다. 어려운 문제처럼 생각되지만, 실제 도표(양식) 문제는 일정한 패턴이 존재하기 때문에 방법론을 익혀둔다면 생각보다 쉽게 접근할 수 있다. 전제조건을 보면 A지문이 도표이고, 그 도표의 내용이 보기에 언급된 문제가 바로 위의 문제이다. 이 경우, 나열된 반대편 지문인 B지문과 C지문에서 단서를 찾는 것이 포인트이다. 문제의 주어가 Bolton이기 때문에, 지문에서 단서를 찾아서 A지문의 나열된 도표나 양식에서 단서와 매칭한다. 이렇게 2개 지문을 보고 단서를 찾는 문제는 문제에 most likely가 대부분 표기되어 있다. 2개 지문 전체의 내용을 파악해야 하므로, Bolton 씨가 쓴 B지문에서 단서를 찾아 A지문 도표와 대조하여 푸는 문제이다. 공식19의 내용을 반드시 한 번 더 확인하자.

2. 풀 수 있는 문제 3~4개 골라내기

풀 수 있는 문제란?: 위에서 공부한 걸러내기 문제들을 제외하면, 각각의 지문만을 보고 풀 수 있는 문제들이 남는다. 파트 7의 싱글화 전략으로 주제 문제와 세부사항 문제, 그리고 단어 문제 등으로 나뉜다. 풀 수 있는 문제는 더블 지문과 동일하다.

*** 풀 수 있는 문제의 종류**

1) 트리플 지문의 주제 문제: 주제 문제가 나온다면, A지문의 주제 문제는 1번에, B, C지문의 주제 문제는 3번이나 4번에 위치하게 된다. 5문제의 트리플 지문 문제 중 한 문제 정도는 A 혹은 B지문의 주제 문제가 출제된다.

전제조건: A지문이 기사. B, C지문이 편지

예1 **What is the main topic of the article?**
(신문기사의 주제는 무엇인가?)

예2 **What is the purpose of the second letter?**
(두 번째 편지의 목적은 무엇인가?)

2) 그 외: 주제 문제를 포함하여 풀 수 있는 문제를 3문제 정도 골라내어 맞힐 수만 있다면 트리플 지문은 성공이라고 볼 수 있다(기초 수험생들의 경우). 세부사항 문제들 중에서 문제의 주어를 3개의 지문 중 글을 쓴 사람(혹은 주인공)에 초점을 맞추어 따라가면 된다.

전제조건: A지문이 이메일(쓴 사람: Mr. Jackson). B지문이 편지(쓴 사람: Ms. Lee). C지문이 기사(제목: Business Acquisition)

예1 **What does Mr. Jackson ask Ms. Lee to do?**
(Jackson 씨는 이 씨에게 무엇을 하라고 권유하는가?)
→ 추론 문제나 most likely가 아니므로, 주어와 쓴 사람이 같은 A지문에서 주장동사 구문(명령문/권유형의문문 등)을 따라가서 해석한다.

공식 20

예2 In the letter, the word "pay for" in paragraph 2, line 1, is closest in meaning to?

(편지 지문인 B지문에서 2번째 문단, 1번째 줄 "pay for"와 가장 비슷한 의미는 무엇인가?)

→ B지문에서 특정 문단과 줄을 따라가서 해당 문장을 해석하며 "pay for"의 의미를 보기와 비교한다.

예3 According to the article, who is Mr. Colman?

(기사에 따르면, Colman씨는 누구인가?)

→ 기사인 C지문에서 콜먼 씨의 인터뷰나 소개 부분을 찾아가면 되는 단순한 세부사항 문제이다. 콜먼 씨는 전체 3개의 지문에서 보내고 받는 사람 혹은 주인공이 아니므로, 단순히 따라갈 수 있는 문제로 분류할 수 있다.

3 트리플 지문 유형 파악하기

A지문 이메일 예시

> 보낸 사람: Michael(세미나 참가자)
> 받는 사람: Julia(세미나 관리자)
> 제목: 세미나 일정
>
> 내용은 세미나 일정을 물어보고 자신도 참가하고 싶다는 뜻을 물어보는 내용
>
> 그 외 장소나 참가비 여부 등을 질문

B지문 이메일 답장 예시

보낸 사람: Julia(세미나 관리자)
받는 사람: Michael(세미나 참가자)
제목: 답장

세미나 참가자에게 세부적인 세미나 일정을 소개
세미나의 간략한 소개

세미나의 일정과 소개는 첨부파일로 설명
그 외 간단한 내용(장소 일정 참가비)만 설명

C지문 첨부파일 시간표 예시

세미나 일정표와 연사 소개

세미나 이름	연사 소개
A	Mr. Kim
B	Mr. Lee
C	Mr. Kang
D	Mr. Choi

● 트리플 지문의 문제 유형

1번: A지문의 추론 문제

예 **What is indicated about Michael?**

(Michael에 대하여 언급된 것은 무엇인가?)

→ 추론 문제이기는 하지만, A지문의 전체 추론(문제의 주어와 쓴 사람 일치)인 경우 비교적 쉽게 접근할 수 있다. 이 경우 A지문의 초반 문단을 보고 풀 수 있는 문제이다.

2번: A지문의 세부사항 문제

예 According to the second e-mail, what is City Management considering?

(두 번째 이메일에 따르면, City management는 무엇을 고려하고 있는가?)

→ City Management는 각 지문의 보낸 사람 / 받는 사람 혹은 주인공이 아니므로, 세부사항 키워드로 따라갈 수 있는 문제이다.

3번: 단어 문제

예 In the second e-mail, the word "include" in paragraph 1, line 1, is closest in meaning to?

(두 번째 이메일 1문단 1줄에서 "include"와 가장 유사한 의미를 가진 단어는 무엇인가?)

→ 유사한 의미를 지닌 단어를 고르는 문제는 트리플 지문에서 단골로 출제되는 문제이다. 이를 위해서는 평상시에 어휘 학습을 꼼꼼하게 해둘 필요가 있다. 또한 이러한 문제는 단순히 유의어를 고르는 문제가 아니라, 직접 지문을 따라가서 그 문장 맥락의 의미를 해석하고 보기에서 유사한 의미를 고르는 문제라는 점을 꼭 기억해두자.

4번: C지문 주제 문제

예 What is the topic of the article?

(기사의 주제/제목은 무엇인가?)

→ C지문이 기사이므로 C지문의 맥락 파악을 통해 답을 고를 수 있는 단일 문제 중 주제 문제이다. 이처럼 B와 C지문의 주제 문제 역시 3번이나 4번을 통해 출제되기도 한다.

5번: C지문 전체 추론 문제

예 What is suggested about Business Aquisition?

(Business Aquisition에 대하여 추론할 수 있는 것은 무엇인가?)

→ Business Aquisition은 C지문의 제목이다. 따라서 이 경우 전체 추론 문제로 분류되는 고난도 문제이다. 특히 트리플 지문 2번~5번 사이에 있는 전체 추론 문제는 2~3개의 지문을 번갈아가며 파악해야 하는 추론 문제이므로 스킵 혹은 후순위로 두는 것이 기초 수험생들의 완주 전략 중 하나이다.

리더들의 명연설문 베스트 30

강홍식 저 | 170*220mm | 328쪽
15,000원(mp3 CD 포함)

유명 인사들의 명연설문 듣고 말하기 베스트 30

박기령 저 | 170*220mm | 272쪽
15,000원(저자 직강 동영상 + mp3 DVD 포함)